歴史知と近代の光景

Historiosophy and the Scenes of the Modern

歴史知研究会 杉山精一【編著】

Edited by Seiichi SUGIYAMA

社会評論社

歴史知と近代の光景＊目次

序　論　歴史知の現在 ―― **杉山精一** 7

一　三陸海岸大津波　7／二　歴史知の可能性と未来性　10／三　歴史知の現在　11

第1章　平均律の普及の思想的背景 ―― **黒木朋興** 19

序　19／一　バッハと平均律　20／二　平均律を巡る対立　23／三　十九世紀における平均律の普及について　29／四　平均律普及と世紀末　32／五　平均律とモデルニテ《現代性》　36／結　論　39

第2章　「和泉屋染物店」の構成――明治末の戯曲に見る時代性 ―― **杉山精一** 43

はじめに　43／一　「和泉屋染物店」の成立　44／二　情調について　47／三　旧劇について　50
四　「新」劇について　52／結　び　55

第3章　ドイツ統一戦争における市民と雑誌メディア ―― **中島浩貴** 63

――普墺戦争と独仏戦争の描写を中心として

はじめに　63／一　ドイツ統一戦争とメディア　65／二　普墺戦争（一八六六年）における『ライプツィヒ絵入り新聞』　67／三　独仏戦争（一八七〇～七一年）における『ライプツィヒ絵入り新聞』　71
四　イメージの連続性と断絶　78／おわりに　83

第4章　「体力」の時代と青少年の身体意識 ―― **清水雅大** 93

はじめに――問題の限定――　93／一　HJとの体格比較を通じた日本青少年の身体意識　95／二　戦時期の

体力政策・言説と体格比較の相対化　100／おわりに―結論的考察―　105

第5章　フロムと歴史知――『愛するということ』におけるケア概念の構成を中心に――米田祐介　115

序　115／一　フェミニズムの視座――〝母なるもの〟の発見と父権社会の相対性　117／二　ジェンダー論の視座――性差という〝自然〟の差異の相対性　122／三　ケア概念の構成――〝母なるもの〟と〝父なるもの〟の重層的関係　126／むすびにかえて――歴史知的討究　131

第6章　前期ハイデガーにおける時間についての議論――時計の時間と人間の時間――武井徹也　137

はじめに　137／一　時計が示す時間とその特徴　138／二　現存在の時間についての議論　142／三　時計が示す時間と、人間の生としての時間　147／おわりに　153

第7章　ニーチェの歴史的人間観――ライプニッツとの比較を通して見えてくる、理性による脱神話化の必然的帰結――本郷朝香　159

序文　159／一　ライプニッツとニーチェの世界観の比較　160／二　ライプニッツとニーチェをつなぐもの　163／三　理性の働き――その限界と可能性　168／四　歴史的に把握される人間　171／おわりに　175

第8章　マルクス人間論の可能性と限界――マルクス主義哲学史における人間概念の変遷――田上孝一　183

はじめに　183／一　マルクス人間論の核心　184／二　初期エンゲルスと後期エンゲルスの断絶――人間概念の提起と廃棄――　188／三　後期エンゲルスの後継者としてのレーニン　192／四　スターリンによる人間概念の圧殺　194／五　現代におけるマルクス人間論の有効性　196／おわりに　198

［コラム］
テクノロジーに対する歴史知的発想――石塚正英 61
歴史学の現場から――16世紀フィレンツェの有力市民を巡る視点――柏渕直明 90
「知の連合」をめぐる言葉――小畑嘉丈 112
先史の現場から――ラスコー洞窟壁画「歴史知」的視座――川島祐一 157
習慣知と理性知との間――瀧田 寧 180
［10周年に寄せて］
歴史知研究会10周年を記念して――福井俊保 202
歴史知研究会との出会い 知的創造活動における「対話」という契機――安齋雄基 204
歴史知研究会への参加 一人の研究者としてではなく、一人の「人格」として――宮崎文彦 204
虚空をさまよう孤独な星ばかり――有村哲史 206
解　題――石塚正英 207
あとがきに代えて――研究会という経験、歴史知という方法――米田祐介 213
歴史知研究会＊例会記録――223
執筆者紹介――225

序論　歴史知の現在

杉山　精一

一　三陸海岸大津波

二〇一一年三月一一日一四時四六分一八秒、宮城県沖一三〇キロの海底でマグニチュード9・0の巨大地震が発生した。この地震は東北から関東にかけての五百キロ×二百キロの海底面を揺るがせ、北は北海道から南は関東・東海まで、そして遙かハワイまで、ところによっては十メートル以上の、地理的形状によっては最大遡上高四十メートル以上もの大津波を発生させた。死者・行方不明者は二万人以上と推定され、地震発生から二年が経過した今も確定していない（二〇一三年三月現在）。

地震発生後、出版界・読書界においても地震・津波関連の書籍の刊行が相次ぎ、それらにかんする学術的専門書から入門書・ガイドブックまで、避難や安全にかんするハウツー本まで種々雑多な書籍が氾濫した。そうした中、話題に当て込んだ古典に相当する書籍のいくつかも復刊、あるいは増刷されたが（たとえば寺田寅彦の随筆集）、そうした中、吉村昭のノンフィクション文学『三陸海岸大津波』[(1)]（文春文庫）もまた増刷がされて書店の文庫本棚に平積みにされているのを見たのは、二〇一一年の夏頃であったか。同時に同じ著者の『関東大震災』も並んでいたように思われる。

吉村の『三陸海岸大津波』は、三陸沿岸を襲った明治二九年、昭和三年、昭和三五年の三回の津波を主題としたノンフィクション文学である。原本は一九七〇年に刊行されているから、吉村がその本の内容となる文章やその執筆のための紀行を行ったのは一九六〇年代のことであろうと思う。「何度も現地に足を運び、生存する住民からの聞き取りを重ね、『徹頭徹尾「記録する」ことに徹している』」（高山文彦、文庫版解説）この書は、いわば警鐘を鳴らし予防の意味で読書人の手に取らせる類いの本であろうし、今回の増刷も大震災を受けて需要が高まった、あるいは高まるであろうとの思惑で書店に並んだと考えられる。わたし自身は以前から吉村作品の多くを読んでいた。しかしながら、東日本大震災以降この作品の印象が全く変わってしまったのはどういうわけであろう。たとえば、それは次のような件を読むことになるためかもしれない。

（田老）町の人々は、結局津波に対してその被害防止のために積極的な姿勢をとった。まずかれらは、昭和八年の津波の翌年から海岸線に防潮堤の建設をはじめ、それは戦争で中断されはしたが九六〇メートルの堤防となって出現した。……全長一、三五〇メートル、上幅三メートル、根幅最大二五メートル、高さ最大七・七メートル（海面からの高さ一〇・六五メートル）という類をみない大防潮堤を完成した。……そのほか田老町では、避難道路も完成している。それまでの津波来襲時に、道路がせまいため住民の避難が思うようにゆかなかった苦い経験をもとに、広い避難道路を作ったのである。また避難所、防潮林、警報器などの設備も完備している。

このような何十年に及ぶ三陸沿岸の町々、人々の努力がどうなったのかわれわれは知っている。二〇一一年三月一一日に、その結果を嫌というほど見せつけられた。それは、自然の驚異は計り知れない、などという一般論を軽く凌駕するものだった。まさに「自然は、人間の想像をはるかに越えた姿をみせる」（同書より）のである。また、この著作を読むと前出の田老町（村）のほか、この一年で何度も何十回もメディアを通じて目にした耳にした地名が頻出する。女川、大槌、田野畑、船越など、三陸海岸に近い、あるいは縁のある人間でなければなかなか目にすることのない地名を、われわれは何と身近に感じることだろう。これが災害がきっかけでなかったら、と心から思う。

さて、「歴史知研究会」という思想や歴史を研究するものが集まる研究会が編んだ論文集の序文をこのように始めるのは、当然のことだが、この吉村昭のノンフィクション文学の中に、われわれがその集まりの名称にしている「歴史知」、つまりは、科学知ならぬ感覚知や感性知の数々が散見され、それが実感をともなって表現されているからである。それらは、たんに大きな地震の前には、鳥獣などの移動が盛んであるとか、井戸が枯渇したなどの自然現象から、人間がある何かの前兆を感じる、といった類いの話ばかりではない。結果的には経験知が人間を裏切るという逆の例なのだが、それは昭和三五年に起こったチリ地震津波における人々の反応や行動だろう。

昭和三五年（一九六〇年）五月二一日から二三日にかけて南米チリで何度かの大きな地震が起こった。その地震によって津波が発生し、はるか太平洋を越えて日本を襲ったのである。五月二四日夜半から払暁にかけて海に異変を感じた人々は多かった。夜の漁に出ていた猟師たちも陸地にいたものもそれを感じた。消防本部にも高潮らしいという報が次々と入った。「が、彼らは、単なる高潮程度と判断し恐るべき津波とは想像もしなかった。その理由は簡単である。地震がなかったからである。」津波は地震にともなって起こると考えられてきた。さらには津波にありがちな、異常な大漁、井戸水の減・渇水は見られず、遠雷や大砲のような音も聞こえなかった。「つまりは潮は異常な速度で干きはじめていたが、津波にともなう必須の条件と考えられているものが皆無だったのだ。」その結果、幾度となく大きな津波に襲われ、そのたびに対処の経験を積み、子孫へも言い伝えてきた三陸の人々でも六〇人以上の死者を出した。身体知・感覚知の復権や再評価を目指す研究会に集うわれわれは、このことも踏まえながら科学知や理論知との共存や差異の研究を深めていかなくてはならないと思う(2)。

二　歴史知の可能性と未来性

われわれが所属するこの歴史知研究会が、数年間の研究会活動の成果を世に問うために最初の論文集を刊行したのは二〇〇四年のことである。その『歴史知の未来性』(3)において、わたしはいまだ学問的に定着しているとは言い難い「歴史知」という用語の紹介をかねて、わたしなりの定義とその研究の可能性を論じた。人間の身体や感覚から獲得された知識、それらを仮に生活知と呼んでおくが、それらは決して科学的な知識と対立するものではなく、むしろここから科学的な知性は形成されてきた。しかし、いったん科学的知性が成立してしまうと、理論が現実を規定するという転倒現象が生じた。よって、われわれは転倒という歴史的経緯を踏まえつつ、科学知・理論知と生活知・感覚知のそれぞれの、あるいはそれらの関係について再考察しようとの目的を持って研究会を組織したのである。そして、研究会での活動を通じて得たわたし自身の考えを、研究会の内部やその論文集を通じて示してきた。そして、研究会編の二冊目の論文集『歴史知の想像力』(4)で、それまでの研究のまとめとして『「方法知」・「実践知」から「歴史知」へ』と題する序論を書いた。そこでわたしは神川正彦や野家啓一の「歴史の物語論」をめぐる考えや、ライルやウィトゲンシュタインの「方法知」や「実践知」をめぐる考えを紹介しつつ、われわれがおこなっている「歴史知」という用語の定義や方法、意義などについて考察したのである。(5)詳しくは同書を参照していただきたいが、わたしは「歴史知」というものを、第一弾の論文集では「「歴史知」は、「歴史知」という一つの学なのではなく、いわば「諸学の根底にあってその知の基底をなす」考え方=思想と考え」、また、第二弾の論文集で「ライルやウィトゲンシュタインの「方法知」や「実践知」の考察から、「歴史知」とは（研究過程における）何らかの「知識獲得のある方法」であり、また「獲得される知識」である」とまとめたのである。そして、さらに次のように結論づけた。

……われわれが追求する「歴史〈知〉」とは社会的・共同体的基盤を基礎に、変貌しつつある出来事の差異を認識する「実践知」であり、同時にそれによって捉えられる「価値」なのである、と。(6)

よって、この研究会編の第三弾の論文集においては、研究会のメンバーがそれぞれの場で日頃実践している研究の成果を、「歴史知」的観点という場所から考察した論文によって示している。もちろん、執筆者各自の視点や考え方から不統一の面もあるかもしれない。しかしながら、執筆者はそれぞれ他の執筆者やそのほかの研究会のメンバーの前で複数回にわたる発表を経て、論点を修正しつつ、あるいは文章を書き直しつつ、ここに八本の論文をそろえることができた。そういう意味ではまぎれもなく、ここにならぶ論文は「研究会活動の成果」であり、活動を開始して一〇年以上を経た研究会の「現在」なのである。

三　歴史知の現在

歴史知研究会の第三弾となるこの論文集は、八本の論考とその間におかれ、各論文の主題や根底に流れる立場や姿勢に多少とも関連のある五本のコラム、そして、研究会発足一〇周年を記念して寄せられたエッセイなどで構成されている。この論文集の企画段階の編者が設定した基本軸に沿って寄せられた八本の論文は、その内容については各執筆者にゆだねられており、取り上げられる人物や主題について必ずしも統一性が認められるわけではない。そこで本論文集に収録された各論文を簡単に紹介、ないしは解説を加えて、この序文を閉じたい。

まず、第1章、第2章におかれた2本の論文は、それぞれ音楽と演劇に関するものである。当初の予定では、これらのような論文をまとめて第1部芸術、3章~5章をまとめて歴史、6章~8章をまとめて思想（あるいは哲学）という3部構成の論文集の体裁にしようとも思ったが、今回はそれぞれの論文の独立性が高く、むしろそれぞれを独立のまま、つまりはどこからでも読めるようにと8章構成にした。

第1章においた「平均律の普及の思想的背景について」（黒木朋興）は、オクターヴを平均に一二に分けた調律である平均律が実用化された時期を問題とし、またその時期が音楽界のみならず社会的な背景を持った事情により設定されたのではないかという疑問から書かれた。音楽には素人のわたしにとって、「平均律」という音楽用語は、ほぼJ・S・バッハの『平均律クラヴィーア集』という曲名によってのみ知られるが、従来、音楽史においては平均律（という調律法）は、この頃、すなわち一八世紀に実用化されたと説明されてきた。一八世紀から一九世紀初頭にかけて、ちょうど古典派音楽からロマン派音楽の始まる頃であろうか、この頃実用化され調性音楽が円熟し、一九世紀末に向けて調性が崩壊していくと説明されてきたのだ。しかし、一方で平均律が実用化されたのは一九世紀末であるという説もある。もしそうであるならば、平均律の普及が調性音楽を発展させたのではなく、逆に調性音楽の崩壊を促し、無調性音楽の誕生に寄与したのではないか、とも言えるのである。このことは次のようにも言える。平均律は音階を均等に分けるという合理主義の体現であり、無調性音楽は近代的合理主義の批判として語られることが多い。しかし、この両者が親近性を持っているとすれば、無調性音楽は一見近代的合理主義批判の見かけを持ちながら、実のところ合理主義を補完しているのではないか、というのが黒木論文の主題である。

次の第2章『「和泉屋染物店」の構成』は編者自身の論考であるため、別の側面から補足しておきたい。「和泉屋染物店」は明治末年に書かれた木下杢太郎の戯曲である。木下杢太郎は劇作家というより、むしろ詩人として知られ、また本業は医師であるため、小説・戯曲・詩など多くのジャンルで作品を残したディレッタント、もしくは幅広い意味での文人として知られている。ここでは杢太郎のごく初期の作品である（また、彼の最大の傑作である）「和泉屋染物店」を分析することで、時代の中で作品が生まれ、時代とともに評価がされるという一面を論じたつもりである。その意味で、図らずも黒木論文と同様の目的を持つことになったともいえよう。内容は本文をご覧いただきたいが、補足として以下のことを述べておきたい。松本三之介は『明治精神の構造』(7)において、終章に「明治の終焉」という表題を与えている。その前章で「黎明期の社会主義」を描き、終章では民衆の日露戦争を契機とした「国家や社会をめぐる既成の秩序観や価値観についての懐疑や煩悶」が、やがて公的な規範の世界からの分離や私的世界の主張へとつながっていく有様を描写している。同時に日露戦争後の国是の失墜、すなわち、明治国家が「民族国家としての存在を主張することにとどまって、国家がその存在をとおして人類にたいし何を寄与し何をなしうるかという、世界に向かって開かれた国家理想をほとんど持ち合わせていなかった」という空虚さの露呈と、民衆の間に、既成の権威・規範・理想・観念についての懐疑と否定の傾向が擡頭したことを指摘する。それはまさに石川啄木が「時代閉塞」という語で表現した状況であったが、啄木の評論そのものは「はからずも明治の終焉を告げる弔鐘となった」のである。その啄木の「時代閉塞の現状」執筆半年後に書かれた木下杢太郎の戯曲「和泉屋染物店」は、時代閉塞の現状を親子の価値観の葛藤に擬して表現した。劇作家としての活躍が、実質一〇年に満たない杢太郎において、彼の戯曲は「明治の終焉」から始まり、大正デモクラシーの高揚期に終わる、といえるかもしれない。まさに、強烈なエネルギーの噴出の中での一瞬の輝きであったといえるだろう。当時の時代状況の中での輝きが、どのように把握され作品の評価へとつながったのかを論じたつもりである。

第3章「ドイツ統一戦争のおける市民とメディア」（中島浩貴）は、おもに一九世紀後半の普墺戦争、独仏戦争時のドイツ国内の新聞メディアと市民との関係を、画像イメージの分析を通じて論じたものである。一般に、メディアによる啓発は国民国家の中で市民の成長、国民としての意識の形成などの役割を果たしたといわれる。図像入りメディアの強いメッセージ性は、国民国家の中で軍国主義を育成するに当たって一般市民の参加を促したともいわれるが、その実態はどうかについて、中島は具体的材料として「ライプツィヒ絵入り新聞」を使用しつつ、掲載された図像の傾向――決して敵意をあおるものではなかったこと、敵の描かれ方――「敵」にも種類と傾向の差が存在すること、公的な戦争叙述と新聞という民間メディアの戦争叙述との異同といった、イメージの連続性と断絶性について論じている。

第4章「『体力』の時代と青少年の身体意識」（清水雅大）は、一九三〇年代後半に接近する日本とドイツの関係を象徴するように、日独の青少年団交歓事業が行われた（第1回は一九三八年）。その際、来日したヒトラー・ユーゲントの肉体は、日本人にどのような衝撃を与えたのか。そして、その衝撃は日本の少年たちにいかなる意識を植え付け、日本の役人たち（奇しくも厚生省は一九三八年に創設された）にいかなる政策を考えさせたのか。そのような主題を、当時の身体観や体格と体力の差異をからませながら論じていく。体格的な劣等意識が「体力」という概念を導入したとたん、なんら引け目を感じることはないといった意識に変容していく様はスリリングでもある。体格は努力で補うことはできないが、体力は努力・根性といった精神力でつくし、また「賢い大和民族」は体力を有効活用し体格的に優る欧米人に対して互角に渡り合うことが可能となろう。そうした「体力の時代への転換」を論じている。各所で論じられるようになった「スポーツと国家」の他論考と比較検討を行えば、非常に問題意識をはらんだ主題といえよう。

第5章「フロムと歴史知」（米田祐介）は、フロムの『愛するということ』におけるケア概念がいかなるものか、そして、フロムがケアの概念を母性と父性に分けて考察したことに対して、歴史知的研究になぞらえて母なるもの（母性）を感性知、父なるもの（父性）を理性知ととらえ、母性と父性の重層的相互関係を重視したフロムのケア概念の批判と検討を加えるのである。

第6章「前期ハイデガーにおける時間についての議論」（武井徹也）は、『存在と時間』の著者ハイデガーの時間に関する考えを、「時計という道具」を視点に彼がどのように論じたかを検討する。全体は三つの部分に分かれ、その第一は、ハイデガーによる時計という道具が示す時間とその特徴について、であり、第二は、人間における時間、とりわけ「現存在」としての人間にとっての時間とは何か検討する。そして、第三に時計というものの時間、あるいは時計に見られる時間理解と、ハイデガーの時間についての議論を比較検討することを通じて、時間という現象に接近する試みを行っている。

第7章「ニーチェの歴史的人間観」（本郷朝香）は、「ニーチェの理性」という一見すると彼の批判対象であるものを指す用語をキーワードに、ニーチェの対極と考えられがちなライプニッツとの比較をとおして、その共通点と「ニーチェの理性」を抽出しようとする。そして、ニーチェの「力への意志」の世界観は、「ライプニッツのモナドロジーへと奇妙にも接近してゆく」という刺激的な結論へと導かれる。ニーチェは執拗に歴史的感覚の必要性を説いた、と筆者はいう。それは、「神は死んだ」ために、完全性と安定性を欠いたニーチェの「力への意志」の世界観を補強し、すこしでも神がいた時代に近づこうとする意識の表れであると筆者は考えるのである。それにしても、「理性にも感性的で非合理的なものが混入しており、客観なるものはかなりの割合で主観性に浸食されている」と見抜いていたニーチェである。歴史によって「力への意志」の世界観を補強しようと試みても、それはむなしい努力に終わる可能性が高いのではないだろうか。有限な人間が神の代行をつとめることは不可能であろうから。しかし、それこそが人間の営為ともいえる。日々刻々と変化する状況の中で、あらん限りの（だが有限な）生への努力を尽くしながら存在する人間。そのような人間像が浮かんでくるのである。

最後に、第8章「マルクス人間論の可能性と限界」（田上孝一）は、カール・マルクスの人間観をいわゆるマルクス主義哲学史の系譜の中で追った論考である。マルクス—エンゲルス—レーニン—スターリン（またトロツキー）の系譜の中で、マルクス（哲学）における人間概念は変容し・させられ、それを論じたことさえ消されていく。そのように書けば、一般的な歴史的知識から、レーニンの後継者の地位をトロツキーから奪い、反対派の（加えて反対派であるかどうかわからない人々まで）大量粛清を行い、四半世紀にわたって独裁を行ったスターリンが、その支配の正当性や科学的社会主義の理論的構築を意図するために、人間主義的なマルクス哲学の封印をはかった、と取る向きもあろう。しかしながら、筆者（田上）によるとそうではない。マルクスの人間についての思想への誤解、あるいは曲解は、ごく初期のエンゲルスから始まっているのだ。エンゲルスは科学を過大評価するあまり「未熟な」マルクスの思想を捨て去り、レーニンはエンゲルスの所論をマルクス自身のものを同一視したために、レーニン自身は人間概念などを論じなかった。そして、スターリンはさらに人間そのものを信じなかったために、大衆弾圧者となった。そのような、「マルクス主義哲学史における人間概念の変遷」（副題）を整理しながら、現代におけるマルクス人間論の可能性を探っている。

以上、本書に掲載された8本の論文の紹介、ないしは解説を試みた。それぞれの論文を紹介する際、それらの本文からの引用も使用したが、紹介・解説する文章の内容はあくまでこの序論執筆者である杉山の解釈であり、すべてが各論文の執筆者の意図に沿っているわけではないことをお断りしておく。あくまで、これから本書をお読みいただく読者と同じ目線で、編者であるわたしも読み、紹介したのである。ともあれ、序文としては長く、序論としては短いかもしれないが、本編である各々の論文へ目をお移し願いたい。「歴史知の現在」へ。

［註］

（1）吉村昭『三陸海岸大津波』文藝春秋、二〇〇四年。

（2）「科学知」とそこに記した以上あえて付言しておきたい。それは言うまでもなく「原発」の問題である。それは、いまだ人類が対処の方法を持っていないものに対する態度をどのように取るのか、という問題である。原子力発電所の設置や稼働に対して、賛成あるいは反対といった論ではない。

（3）石塚正英・杉山精一編『歴史知の未来性』理想社、二〇〇四年。

（4）石塚編『歴史知の想像力』理想社、二〇〇七年。

（5）ここでまとめて考察に使用、参考にした文献をあげておく。

神川正彦「歴史叙述と歴史認識——その基礎的地平——」、『新岩波哲学講座——社会と歴史』岩波書店、一九八六年。

G・ライル、坂本百大他訳『心の概念』みすず書房、一九八七年。

野家啓一『物語の哲学』岩波書店、二〇〇五年。

ウィトゲンシュタインについては『哲学探究』大修館書店、のほか、各事典、研究書などから参考、引用している。

(6) 前出、『歴史知の想像力』一七頁—一八頁。

(7) 松本三之介『明治精神の構造』岩波書店、一九九三年、二〇一二年。

第1章

平均律の普及の思想的背景

黒木　朋興

序

平均律とはオクターヴを平均に一二に分ける調律である。その長所はすべての調が使えるということ、つまりすべての調に移調や転調が可能だということだ。そして短所としては、オクターヴ以外はハモルことがないということを挙げることができる。通常協和音と言われる三度や五度などの和音がハモった状態から微妙にずらしてあるのである。

従来では平均律が実用化された十八世紀から十九世紀初頭にかけて調性音楽が円熟し、十九世紀末にむけて調性が崩壊していくと説明されてきた。しかし一方で平均律が実用化されたのは十八世紀ではなく十九世紀末にかけてであったという説がある。もしこれが正しいとするならば、従来の説は何らかのイデオロギーを支えるために捏造された歴史ということになりはしないだろうか？　平均律が十九世紀末に普及し、それと同時に平均律は十八世紀に実用化され調性音楽の発展に寄与したという神話が編み出され、モダン音楽の正統性が喧伝されていったという歴史観である。

本当に平均律が十九世紀末に普及したのであれば、平均律の普及は従来の説のように調性音楽を発展させたのではなく、逆に調性音楽の崩壊を促したということになる。従来では一般的に無調性音楽はモダン西洋の合理主義のアンチ・テーゼとして語られることが多い。しかし、そうではなく平均律が無調性音楽の誕生を後押ししたのだとするならば、まさに平均律は合理主義の権化なのだから無調性音楽は合理主義のアンチどころか合理主義が体現した一つの形として語ることも出来るようになる。そうであれば、無調性音楽は表面的にはモダン西洋を批判しているようかのように見え、実のところ絶妙にそれを補完しているということになるだろう。

以上の視点から、音楽におけるモデルニテ《現代性》の一断面を考察することをこの論考の目的とする。なお、モデルニテ《現代性》とはフランス十九世紀の詩人「ボードレールとその周辺の人々によって、もっぱら芸術的・文学的な次元で生命を吹き込まれた語(1)」であり、阿部良雄がキーワードとしてボードレール研究を展開して以降、この言葉は現代芸術・文学を説明する重要な用語として用いられるようになった。ここでは阿部の業績を尊重しつつも、〈現代において現れた、矛盾する方向性を同時に孕みつつ展開していく芸術運動、あるいは矛盾を抱えた作品の性質を表す概念〉という意味に定義し直して使ってみたい。

一　バッハと平均律

平均律支持派と反平均律派＝古典調律派の間の対立の重要な焦点の一つにバッハの『平均律クラヴィーア集 Das wohltemperirte Clavier』の問題がある。長らくこの曲集の題名が、平均律は十八世紀に実用化されたという説の根拠として用いられ、バッハは平均律を実用化させた英雄として顕揚されていた。ところが一九四七年にJ・M・バーバーという音楽学者が論文『バッハと整律の技(2)』の中で、バッハが使ったのは正確には平均律ではないということを論証した。ここで重要なのは、この論文が一九四七年には発表されていたにも関わらず、その後においても長い間バッハが平均律を実用化させたと信じられてきたという事実である。例えば、西原稔は平凡社『音楽大事典』（一九八三）の「和声理論」の項で「十八世紀に入ると、J・C・F・フィッシャー、さらにバッハにより一二平均律が実用されたが、それに呼応して一七二二年にラモーが〈和声論〉を著した」と書く。

問題は西原がバーバーを言及していないことである。つまり西原ほどの学者がたとえバーバーの説を認めていなかったにせよ全くそれに触れることなく「バッハにより一二平均律が実用された」と書いたことが問題なのだ。西原がバーバーの論文を知っていながら無視したにせよ、あるいは知らなかったにせよ、それは単に西原個人の問題ではなく音楽学全体にこの問題を隠しておきたいという意図があったということではないだろうか？　意識的にせよ、無意識にせよ、ある重要な問題がある学者集団から無視されて来たとすれば、そこには一つの歴史観を正当化するために都合の悪い事実は隠しておこうという何らかのイデオロギーが働いていたことになる。事態はもちろん意識的に隠蔽された時よりも、無意識になされた時の方が深刻だろう。

発端はヘルムホルツが一八六三年の著作『音感覚論—音楽理論のための生理学的基礎』の中でナインハルトとヴェルクマイスターが平均律を開発し、セバスチャン・バッハがその平均律を活かして楽曲を作ったとしたことにある。

平均律は、それがフランスに紹介されるのに先んじて、ドイツで実用化された。一七五二年のクリティカ・ムジカ第二巻の中でマッテゾンは、ナインハルトとヴェルクマイスターがこの整律を開発したと述べている。その頃には既にセバスチャン・バッハがクラヴィコード（クラヴィア）にそれを採用していたが、このことはキルンベルガーが大バッハの弟子だった時にすべての長三度を高めにチューニングするように習ったと主張したというマープルグの報告から結論付けられる。セバスチャンの息子のエマニュエルは、自身が著名なピアニストであり、また一七五三年には当時大変な権威となった『クラヴィア演奏の真の技術について』を出版したが、その中でこの楽器は常に平均律にチューニングしなければならないとした。(3)

この時代ではヴェルクマイスターの整律と平均律が同一視されていたのが最大の問題であった。対してバーバーは前述の一九四七年の論文の中で、バッハの時代にも「平均なビートをもった整律」という意味のdie gleichschwebende Temperaturという立派なドイツ語の言い方（現在の平均律と同義）があったのに、バッハは何故「良く整えられたwohltemperirte」という言葉を使ったのかという問から発し[4]、ヴェルクマイスター律は現在の平均律ではなく一二のすべての調で演奏が可能である不等分律であったという論を展開する。

フーゴー・リーマンは、ヴェルクマイスターが一六九一年に発表した『音楽の整律 Musicalische Temperatur』を曲解して、これが「平均律を提唱した最初の書物である」と断じている。［…］それ以来多くの物書きが、リーマンとヘルムホルツの権威に従い、平均律の領域において、ヴェルクマイスターとおそらくはナインハルトにも著しい敬意を示してきた。［…］しかし、［…］ヴェルクマイスターが言っているのは平均律ではないし、彼に与えられてきた栄冠にもかかわらず、彼は新しいチューニングの単なるちんけな唱道者などではなかったのである[5]。

誤解の原因はリーマンやヘルムホルツといった権威がヴェルクマイスター律と平均律を同一視したことに端を発している、ということだ。もちろん、現在ではヴェルクマイスター律とは一二のすべての調で演奏できるものの平均律とは違うものであることが分かっていることを言い添えておく。

そのヴェルクマイスター律の特徴として、白鍵を多く使用した時には主要三和音を中心に特に三度の響きが美しいミーン・トーン律に近くなり、黒鍵を多用した時には和音は汚いがメロディを弾くと美しいピュタゴラス律に近くなるということが挙げられる[6]。そしてバッハのいわゆる『平均律クラヴィーア集』はこの特徴を活かした作曲になっているのである[7]。しかし、このことを解き明かした一九四七年のバーバーの業績は一九八三年に出版された音楽事典の執筆者の視界から抜け落ちてしまう。

一応この問題は東川清一が二〇〇一年に発表した「バッハと平均律」という論考で決着を見ることになる。東川はそれまでの過去の研究を俯瞰しつつ、一二のすべての調で演奏が可能な不等分律と平均律を峻別するというのは「ヴェルクマイスター理論にとってまったく無縁なことだったのである」と結論づける。つまり、当時ヴェルクマイスター律と平均律が同一視されていたとすれば、長らくヴェルクマイスターが平均律を開発したと信じられて来たのも無理は無いということになる。同時に、現在の音律研究の視点から言えばこの両者の微妙な違いを指摘するバーバーの業績も正当なものと言えよう。となれば、『平均律クラヴィーア集』は単純な誤訳ではないということになるだろう。(9)

二　平均律を巡る対立

平均律はいつ広まったのか。ヘルムホルツ以降十八世紀だという説が有力であった。それに対して、平島達司は『ゼロ・ビートの再発見　平均律への疑問と古典音律をめぐって』（初版、一九八三）の中で平均律が広まったのは十九世紀末だとしている。対して、坂崎紀という音楽学者は二〇〇一年に発表した「平均律の歴史的位置」という論文の中であくまでも平均律が広まったのは十八世紀だと主張している。以下、この二つの立場を検証していきたい。

1　平均律十九世紀末普及説

平島の著作は広く音楽学学者の間で受け入れられているとは言い難いようだ。平島は自著の出版に合わせるかのように、松本ミサヲなどの同志の方々と一緒に日本音楽学会で調律の諸問題を扱った討論会を実施しており、(11)多くの音楽学者は平島の提言を知っていたはずである。にもかかわらず彼らの反応は鈍い。

平均律十九世紀末普及説に関して、平島は二つの理由を挙げている。第一はこの時代に平均律の特徴を上手に活かしたドビュッシーという作曲家が出てきたことである。確かに、彼はホールトーン・スケールといった平均律の特徴を体現したスケールを使いこなし、新しい響きを放つ楽曲をものにした。だが、ドビュッシーが始めて平均律の特徴を活かした作曲をしたからと言って、平均律がドビュッシーの時代に広まったと断言するのは早計だろう。ドビュッシー以前の時代に既に平均律は実用化されてはいたが、ドビュッシーの時代になってようやくその特徴を活かした作曲がなされるようになったと考えることも可能だからである。

第二の理由はメトロロームの出現である。平島はこの器具の完成が平均律の普及とパラレルであったと言う。調律はまずオクターヴや五度などの純正和音を合わせることから始める。実はこれ自体は極めて簡単な作業だ。二つの音を同時に鳴らした場合、微妙にずれているとウワン、ウワンというなりが聞こえるのだが、これを無くしていけばよい。このうなり自体は誰にでも聞くことは出来るしうなりがしないように音高を調整していくことですら、ちょっとした訓練を積めば簡単に出来るようになる。ところが平均律を調律するには綺麗にハモったうなりのない和音をずらしていかなければならない。つまりわざとうなりが生じるようにするのだ。これも訓練次第ではそれほど難しいことではない。ただし問題なのは正確に平均律の五度を取るには、うなりが毎秒〇・九九四四回の割合で生じるようにしなければならないということだ。

つまり正確な平均律を調律するためには毎秒あたりのうなりの数を正確に数えなければならず、そのためにはメトロロームかストップ・ウォッチなどの道具が必要になってくる。そしてそのような道具が完成し普及するのが十九世紀後半だったというのが、平島の十九世紀末平均律普及説の根拠となっている。説得的である。

だが、疑問点がないわけではない。というのは、現在の調律師達がこれらの器具なしに平均律を調律しているからである。つまり熟練してしまえば耳だけで平均律を調律することが可能、ということだ。というわけで、この説明も決定的な証明とはならない。

更に、平均律が十九世紀前半にはまだ普及していなかったことの根拠の一つに、〈諸モード間の性格の違い〉がある[12]。平均律では原理的にはすべての鍵盤の音程差が同じなので、移調ということはこれら二つのモードを完全に平行移動することでしかない。対して、それぞれの音程にばらつきがある不等分律では移調するたびにそれぞれ違ったモードが鳴り響くのだ。これが〈諸モード間の性格の違い〉であり、平均律と不等分律を大きく区別するものとされる。

このことを根拠に平均律は十九世紀前半にはまだ十分に普及していなかったという論を展開することも出来る。例えば、この論拠を掲げる急先鋒の一人としてドミニク・ドゥヴィを挙げておこう。彼はＰ・バルビエリの「ベネチア地方では十九世紀の半ばには、オルガンの大部分は既に平均律あるいは平均律を目指した整律に調律されていた[13]」という主張に反対し、十九世紀にこの地方で使われていた整律の一つとしてデ・ロレンツィの整律を挙げ、更に『ガゼット・デ・ヴェニス』という音楽誌の「この整律は最も便利で完璧なものとして知られている。何故ならすべての音がハーモニーに満ちしかもそれぞれに特有の性質を保持しているからである[14]」というコメントを引いて論駁しているのである。つまり〈諸モード間の性格〉があったことを根拠に、平均律がまだ普及していなかったと断じているのだ。説得的である。

ただこの論法も完璧とは言い難い。ジェラール・ツワンクは『絶対音感』（一九八四）という論文の中で「『平均律に調律されたピアノ』というのは神話にしかすぎない[15]」と言い、現代のピアノにおいてもそれぞれの音間隔は微妙に違っており、「[その違いが]それぞれの調性とモードに特有のエートス、つまり『感情的色彩を与えている[16]』」と主張している。つまり、「諸モード間の性格の違い」は現在の平均律に調律されているピアノにも存在していると言っているのだ。だとすれば「諸モード間の性格の違い」は必ずしも平均律普及の証拠とはならないことになる。

2　平均律十八世紀普及説

確かに今までのところ平均律十九世紀末普及説の証明は完璧ではないことが確認できた。しかし音楽学者の方でもこれを完全に否定できるような論を展開できているとは言い難い。

例えば、前述の坂崎紀は「平均律の歴史的位置」（二〇〇一）の中で平均律が広まったのは十八世紀であると断言する。

> 共有弦クラヴィコードの実例、テュルクとC・P・E・バッハの記述から、ドイツにおいては十八世紀中葉には平均律が一般に広く使用されていたことが確実とみなせる。［…］音楽作品の実例［…］や同時代の記述から総合的に判断するなら、平均律は十六世紀後半～十七世紀初頭にある程度の範囲で実用化されていたと考えるのが妥当だが、最大限遡ればすでに十六世紀初頭に平均律に調律された鍵盤楽器が存在した可能性さえあるといえるだろう。

確かに坂崎論文は十八世紀には既に平均律を実用化した鍵盤楽器や平均律を好んだ音楽家が存在したことは証明している。だからと言って、このことは決して平均律が「一般に広く使用されていた」ことを証明してはいない。つまり、テュルクやC・P・E・バッハの周りで平均律が「一般的に」使われていたとしても、その時代全体が「一般的に」平均律を受け入れていたことにはならないのだ。

要点は坂崎の「最大限遡ればすでに十六世紀初頭に平均律に調律された鍵盤楽器が存在した可能性さえあるといえるだろう」という言い回しにあるだろう。つまり坂崎にとって平均律は素晴らしいものであり、その開発・実用・普及を歴史的に可能な限り遡ることを目指して論を展開しているのだ。平均律の偉大さが前提にされているので、そのより古い痕跡なり起源なりが発見されれば、それを開発した人間やそれを育んだ周りの文化の先見性が証明されるし、更にそれを支持し普及させた人々やその歴史を研究している人間の正当性も明らかになるというわけである。

このような姿勢は、例えば、坂崎が自らのネット上のホームページに掲載している『音律入門』というページの中で、坂崎がヴェルクマイスター律と一二平均律の違いについて述べた文章にもよく表れている。

現在「古典調律」と呼ばれるヴェルクマイスターやキルンベルガーの各種調律法は、確かに一二平均律とは異なるが、その違いはごくごくわずかなもので、実際にはチェンバロなどでは調律後しばらく放置したらその差以上の誤差が容易に生じる程度のもの、といっても過言ではない(17)。

ここでの要点をまとめれば、平均律の正当性を守るためであるなら細部は無視され得るし、また無視すべきであるということになろう。となれば、平均律十八世紀普及説とは、科学の問題ではなく何らかの思想なりイデオロギーに支えられた主張であることが分かる(18)。

では、その思想とは何かと言えば、マックス・ウェーバーの言う西欧特有の合理主義であると言えるだろう。

合理的な和声音楽─対位法ならびに和音和声法─も、すなわち和声的三度による三つの主三和音の上に音素材を組み立てることも、また、ルネッサンス以来、間隔的にでなく合理的な形で和声的に解釈されてきた半音階法と異名同音も、西欧だけにしかなかった(19)。

世界中で西洋だけが達成した文化という論点が鮮明である。この合理主義が自然科学の発展を促したとされていることは有名であるが、それが音楽において実現させたのは自由な転調ということになる。

等分平均律は［…］ほねのおれる闘いの後に勝利を収めた［…］。整律は［…］周知のごとくいわゆる〝異名同音的変換〟enharmonische Verwecksłungによって、和音の自由な進行のために、ポジティヴに、まったく新しく、最高度に生産的な転調の可能性をも与えた。異名同音的変換、すなわち、ある和音またはある音を、現在おかれている和音関係から別の和音関係に意味転換することは、すくなくともそれが意識的に転調手段として使用されるかぎりにおいて、近代固有のものである。[20]

平均律と「最高度に生産的な転調」が西洋モダンの産み出した固有の文化として顕揚されているのが分かる。そのような西洋音楽の正統性を守ることこそが、平均律支持派の目的なのである。

三　十九世紀における平均律の普及について

実際のところ、平均律はいつ広まったのであろうか？　ここでは十九世紀の状況を見るために、普遍的基準値としての単位の問題を考えてみたい。

1　絶対音高の設定

十九世紀に起こった大きな変化に単位の統一ということがある。音楽の領域ではまず絶対音高が挙げられるだろう。絶対音高とはラ＝四四〇ヘルツと定められた音高の基準値であり、すべての人に等しく開かれているという意味で普遍的な基準である。ヨーロッパの十九世紀とは芸術が特権階級からより多くの人々に開かれていき、〈公共〉が出現した時代であったことを思い起こしておこう。

音高は、かつてのヨーロッパではミュージシャンごとにバラバラであった。それだと合奏の時困るので、基準を設けようという動きが生じる。17世紀くらいからのことだ。こうしてそれぞれの劇場がそれぞれに基準となる音高を定めていくこととなるのだが、それでも劇場ごとに基準の音高はバラバラだった。そのような中、どこへ行っても同じ音の高さで演奏ができるような絶対的な基準を設定しようという人々が現れた。十九世紀初頭のフランスにおいてである。ということはもちろん、後で述べる単位の〈普遍化〉を目指した大革命後のフランス政府の思惑と重なっているということに注意したい。サレットというパリのコンセルヴァトワールの学長がその立役者であった。一八一二年、彼は当時のパリで用いられていた音高を調査・比較し、フランス国内では統一した音高を用いるように布告する。一八五八年には、デプレ、リサジュという二人の物理学者、オベ、サレット、ベルリオーズ、アレヴィ、マイヤベーア、ロッシーニ、A・トマという七人の音楽家と更にはムリエという将軍からなる委員会が組織され、フランス国内の音高をラ＝四三五ヘルツに統一するように定めた。そして翌年の一八五九年二月一六日には大臣が条例を発し、この統一された音高を使用することを義務づけた。更に、一八八五年にはウィーンで国際会議が開かれ、パリの委員会のラ＝四三五ヘルツという数値が国際基準値として採用され、一九三九年にはロンドンで国際会議が開かれ、そこで気温が二〇度の時に四四〇ヘルツ＝ラという現在の数字に落ち着いたのである(21)。

ところで、平均律の最大の利点というのはそれが世界的に統一された共通の尺度である点だと言って良い。つまり平均律が前提となっていれば、どこへ行っても、誰とでも共演が容易なのである。対して古典調律を使っていた時代、つまり各々がバラバラの調律を使っている時代であれば、共演者達はまず互いの調律を合わせるところから始めなくてはならない。

平均律がこのような普遍的な尺度として機能するのであれば、当然、絶対音高の設定が不可欠になってくることはすぐにでも理解できよう。その十九世紀における絶対音高の設定が平均律の普及に大きな関係を持っているのは確実だろう。

2　度量衡と時の統一

単位の〈普遍化〉、あるいは普遍的な基準値の設定が試みられたのは音楽の領域だけではない。十九世紀に行われたこの運動で最も有名なのは度量衡の統一であろう。つまりメートル法のことである。旧来のヤードやフィートなどの単位は身体に基づいており、長さを身体で感じることが出来た。ただ、人の身体には個人差があるので誤差が生じることになる。このような誤差こそがまさしく旧来の単位の欠点であった。例えば、旧来の単位の多様性について、ケン・オールダーは『万物の尺度を求めて』という著作の中で次のように言う。

学者たちは、至るところで重さや長さの単位がまちまちなことに辟易していた。十八世紀の測定単位は、国ごとに違うだけでなく、国のなかでもまちまちだった。おかげでコミュニケーションや商業は滞り、国を合理的に統治することができなかった。［…］当時の統計によると、アンシャン・レジームのフランスには、約八〇〇種類の重さと長さの単位が使われていたが、同じ名称だが実際には異なっていた度量衡をきちんと区別すると、二十五万種類という驚異的な数にのぼったという(22)。

このような混乱を統一しようというのがメートル法であった。この単位は地球の子午線の四分の一の一千万分の一を一メートルとするという具合に自然に基づいていたのであり、人や地域や国の違いに関係なくすべての人に共通の基準であると言える。この計画は当初王の名の下に開始されたものであったが、革命政権にも引き継がれ、それどころか革命政権の重要な政策の一部となっていった。つまり、普遍的な単位を普及させることによってそれまでばらばらであった市場を統一し、それによって世界を変革していこうというのが革命政権の夢だったのである。

更に単位の〈普遍化〉あるいは普遍的な基準値の設定は、当然、時の領域にも及び人々の生活に大きな変化がもたらされた。携帯時計が普及したのである。これによって人々は全国で同じ時間を共有するようになり、やがてはこの均質的な〈時〉に支配されるようになる。このことによる生活の変化を見るために、散文詩を引用してみよう。

『時計』、ジュール・ルフェーブル＝ドゥミエ（一七九七―一八五七）

砂時計は告げる、我々はみんな瞬間瞬間を数え上げるモノになる、と。水時計は言う、この世にしずくの涙で刻まれないものはなく、今後の世代はもはやしたたる水滴以外の何ものでもなくなってしまう、と。沈黙の雄弁家たる日時計は影でもって光が続く時間を計るし、苦労や喜びも死に向かって歩んでいくのだとひっきりなしに繰り返し語りかけてくる。砂時計も水時計も日時計も視線を通してのみ思考に訴えかける。人はこれでは十分ではないと思ったのだ。人は耳に時の流れを聞くように強いたのだ。自分たちの時間がどうなってしまうか分からずに、その時間の群に鈴をつけ、そして、この素晴らしい発明のおかげで自分の人生の分け前に対して弔鐘をならすことが可能となる。(23)

もちろん日時計や水時計はあくまでも脇役であり、携帯時計こそが主役であることは言うまでもない。その普及は劇的に人々の生活を変えてしまったのだ。具体的に言えば、九時に図書館の前で待ち合わせといったことが当たり前に可能になったのであり、時間を守ることが社会生活を営む上で重要なマナーとなっていったのである。

四　平均律普及と世紀末

平均律普及の問題を考えた場合、十九世紀における社会状況の変化が大きな意味を持つのは確かだろう。フランスの音楽学者ドミニク・ドゥヴィも『音楽の整律』の中で、平均律の実用と普及は十九世紀に入り新たな局面を迎え、特に世紀末において決定的に定着したと言う。以後、彼の論考を見ていこう。

平均律とは「幾何学者の発想」の産物にすぎず「音楽家」の要請から生じたものではないと言い(24)、平均律に対して否定的な立場をとるドミニク・ドゥヴィは、ラモーやルソーが活躍した啓蒙時代＝光の世紀のフランスの理性主義を平均律の重要な震源地と見なす。そしてフランス革命後の十九世紀において伝統的な不等分律が次第に駆逐され平坦な色調しか持たない平均律が広まっていったとしている。

イタリアでもフランスのメルセンヌ神父の影響のもと十七世紀から平均律はもちろん知られていた。例えば、一六三九年に平均律に調律したクラヴサンの存在を示す記録があることを指摘している(25)。十九世紀に入ると平均律の実用化はピアノを中心に、特にミラノなどの北部の都市で推進される(26)。しかしオルガンの製作者を中心に平均律を嫌い不等分律の使用を勧める資料が多くあることから、ドミニク・ドゥヴィはイタリアでの平均律の普及はあくまでも一定範囲に留まっていたとする。

またドミニク・ドゥヴィは十九世紀初頭における平均律普及の状況を示す資料として一八三六年にパリで出版されたクロード・モンタルの『自分でピアノを調律する技』(27)を挙げる。彼はまず裏表紙の挿絵を示してピアノと平均律が当時の新興勢力であるブルジョア＝中産階級を中心に実践されていった可能性について言及する。また実際にこの本を紐解いてみると、ここで提示されている平均律はメトロノームやストップウォッチで一秒あたりのうなりの数を数えて調律するといった類のものではなく、あくまでも耳だけを頼りに平均律を目指して調律される整律であることがわかる。

更に興味深いのはこの本が決してプロの調律師の教科書として書かれたわけではなく、題名が示すように演奏者が自分で自分の楽器を調律するために書かれているという点であろう。序文でモンタル自身が述べているように、調律師を呼ぶことが出来ない僻地でもピアノの所有者が自分で楽器を調律・維持出来るように、との目的で書かれたものなのだ。この時代においても既に演奏者と調律師との分業はなされていたが、それでも演奏者自身が調律を行なう可能性が完全には閉ざされてはいなかったということだ。

十九世紀前半におけるピアノの製造法は基本的に手工業であり、職人達がそれぞれの部品を手作りし組み立てていた。その原材料は主に木材であり金具は補強のために使われる程度であった。それが一八五一年ロンドンで開催された第一回万国博覧会に出品されたアメリカのチッカリング社のピアノを契機として大きな変革がもたらされることになる。[28] このピアノの大きな特徴は金属フレームが採用されていたことだ。木ではなく金属フレームを採用することによって、それまでの真鍮製の弦に代わってスティール製のピアノ線を張ることが出来るようになる。つまり、以前の木製のフレームでは到底ピアノ線の張力に耐えられなかったのだ。特に太い弦を張らなければならない低音部が問題であった。ところが、金属フレームとピアノ線の導入によって、それまでは不可能であった低音域の音が開拓され、また音質も硬質で張りのある豪華なものへと変わっていくことになる。そしてこのピアノ以降、ピアノは手工芸品から工業生産品となり機械による量産が可能となった。さらにここで注目しておきたいのは、このような工業生産品となったピアノにおいては演奏者が自分で調律をすることが完全に出来なくなり、調律は専門の技術者の手のみに委ねられるようになったということである。

つまり、調律と演奏の分業というピアノが有する大きな特徴の一つは十九世紀半ばの金属フレームを伴ったピアノの出現によって決定的になったということだ。これ以降、楽器の音を合わせるという作業から排除されたピアニストは既に調律されたピアノの前に座り、与えられた音を正しい音として受け入れ演奏することを押し付けられることとなる。対して、前述のクロード・モンタルによる調律の指南書は、たとえそれが平均律を指向しているとは言え演奏者が自ら調律を担う可能性が僅かながらにでも残されていた時代の産物であり、世紀末以降のピアノの調律状況とは一線を画すものと言っても良いであろう。すなわち、十九世紀前半には既にフランスでもイタリアでもピアノという楽器にある程度平均律が採用されていたことは確認できるのだが、そこから現在へ到るためにはもう一つ越えなければならない段階があったのである。

平均律普及におけるそのような決定的転換点としてドミニク・ドゥヴィは、一八六九年にイタリア人アメリコ・バルベリによって発せられた以下の言葉に着目する。

しかしながら、今日においても、この儲けになり執着する職業［＝オルガン製作者］が、あんな怠惰な人たちの手に委ねられている状況を見るのはなんとも嘆かわしい。というのも、彼らは薄くて乏しい技量を越えて、不等分律による音素材の分割について学ぶことができず、故に音の調和というのを全く理解していなかったような人物なのだ。だからいまだに、彼らはモードや諸音を知らず、半音階か、もしくはせいぜい5度音程（ほとんど正しく呼応していない）を繰り返しながら調律をしている。このことよりも恥ずべきなのは、和声論のすべての教授が、諸音の連なりに関する生徒への耳の教育を、いまだにこの不等分な調律に頼っているということである。(29)

平均律を支持する人間が、彼の周りのオルガン製作者達の間では未だに平均律が採用されていないことを嘆いているわけであるから、この時期のイタリアで平均律が一般的に普及していたかどうかは明らかだろう。それはさておき、ここでドミニク・ドゥヴィが不等分律の使用を「恥ずべき」といった表現によって道徳あるいは精神の問題として語っていることに注意したい。これ以降、平均律の推進派はまるでジャーナリズムが敵対する勢力を糾弾するかのように、不等分律の支持者を「良識」を欠いた存在として非難し始めたと言うのだ。それは「十字軍」に比肩すべき「宗教的」な運動であったと言う。[30] つまり、これ以降平均律支持派と反平均律派の争いはイデオロギー対立の様相を帯びるようになったということだ。

そこで重要な役割を果たしたのがセシリア運動であった。セシリア運動とは、一八六九年にドイツのレーゲンスブルクで起こった、当時の華美な宗教音楽を改め、パレストリーナやグレゴリウス聖歌を復活させようという宗教音楽改革運動である。ドミニク・ドゥヴィは、この運動の中からロマン主義交響曲に音楽的理想を見る非宗教的な一派が現れ、彼らの活動を通じて平均律は広まっていったと指摘する。[31] 特に一八八二年から一八八五年にかけて、平均律はアルプスを越え、ウイルスが引き起こす伝染病のようにイタリアに広まっていったと言う。[32]

更に、ドミニク・ドゥヴィはイタリアでこの時期オルガンに対して平均律が次々と採用されていったという事実を重要視する。何故なら、ピアノであればある程度裕福な階級の人々でなければその音色を享受することは難しかったのに対し、オルガンが伴奏する教会でのコンサートにはより多くの人が集っていたからである。つまりそのようなコンサートを通じてより多様な階層の公衆の耳に平均律が馴染んでいくという事態が出来したと考えているのだ。一言で言えば、音楽の大衆化という現象でありそこで重要なのは音楽の質ではなく動員される人と生産される音楽の量ということになる。つまり平均律の普及とは大量生産・大量消費社会に支えられた現象であるということだ。

そもそも普及と言ったところで、どこの地域のどのような人々の間で行なわれたのかが明確にならなければ議論が成り立たないのは明らかだろう。十八世紀あるいはそれ以前に平均律やそれを目指した調律が存在したことは明らかに事実である。そして少なくとも十八世紀には、単なる実験ではなくそれを実用化させていった音楽家集団がいたのも事実だろう。しかしそれと同時に平均律を嫌う音楽家がいたこともまた事実なのだ。このような状況で平均律の普及とは一体どのような現象を指すのであろうか？　また十八世紀において整律の知識と技術を持った人間が調律した楽器による音楽を享受できる人達というのが、あくまでも社会の少数派であったという事実も考え合わせておこう。そのような人達の一部に平均律が普及したとしても、それが社会に広く一般的に平均律が普及したことにはなりはしない。

対して、十九世紀とは音楽を享受できる層が徐々に拡大していった時代であることを思い起こしておこう。平均律が社会に普及すると言う以前に、音楽自体が広く社会に普及していった時代なのである。そのような広く大衆に広まっていく音楽において採用されていたのが平均律だとするならば、音楽が広く社会に広まったというのとほぼ同じ意味で平均律も社会の中に浸透していったのだという言い方が出来るだろう。

五　平均律とモデルニテ《現代性》

平均律の普及という問題はモダンの矛盾が見事に集約されていると言えるのではないだろうか？　元来、パレストリーナやグレゴリウス聖歌の演奏は平均律ではなく古典音律＝不等分律で行なわれなければならない。ところが、十九世紀末における大衆向けのその古楽の復興運動が実は平均律の普及に一役を買ってしまっていたのだとすれば、それは極めて皮肉的な現象であると言うほかはない。そのような矛盾する方向性を同時に抱え持っているところに平均律のモデルニテ《現代性》がある。

更に、平均律と調性音楽の関係について考えてみたい。例えば、田村和紀夫と鳴海史生は一九九八年に出版した音楽史の入門書の中で「平均律によって転調の自由を獲得した調性音楽は、十九世紀に加速度的に『進化』する。と同時に、変化を求めるあまり、音楽はきわめて複雑になり、皮肉なことに、調性という秩序をみずから壊す結果を招くのである[33]」と書く。また「調性と平均律がその揺るがぬ根幹であることに変わりはなかったし、今現在もそうだ[34]」と付け加える。調性と平均律の親近性と平行性が確認されているわけである。この本は入門書であるが、というか入門書であるが故に、そこに書かれていることは正統の音楽学者達によって広く受け入れられている常識的な音楽史だと言えよう。まず平均律の普及があり、それによって調性音楽が発展し、そして十九世紀末にかけて発展しすぎたがために無調性音楽が勃興するという歴史である。しかし十九世紀後半にかけて平均律が社会全体に浸透していったとするならば、この歴史観は瓦解の危機に曝されることになる。何故なら、平均律の実用は調性音楽の発展をもたらしたのではなく、調性音楽の崩壊と無調性音楽の誕生を促したという見方も可能になるからだ。つまり調性と平均律の対立性が浮上して来るのである。というわけで、平均律は調性音楽を発展させた立役者と同時に調性音楽を崩壊させた張本人であるといった具合に相反する役を同時に担うことになる。つまり調性音楽とそれを乗り越えて成立したと言われる無調性音楽という一見対立しているかに見える二つの文化を共に背後で支えているのが平均律ということだ。これこそまさに平均律が抱えるモデルニテ《現代性》の一断面だと言えよう。

　だとすれば、既存の音楽史を受け継ぎ、それを弟子達に教え、その歴史観の上に業績を積み上げている音楽学者達にとって平均律十九世紀末普及説は極めて迷惑な学説ということになる。今まで既存の音楽史の歴史観に基づいて執筆してきた業績を修正しなければならなくなってくるからだ。この場合、一番楽な解決法はこの迷惑な平均律十九世紀末普及説を無視することでないだろうか？

　次に微分音の問題を俎上に上げてみたい。平均律の鍵盤にない平均律の半音よりも狭い音程のことを微分音と言う。当然民族音楽や古典音律を使う古楽は微分音だらけの音楽だと言っても過言ではない。現在ではこのような微分音程を測定する単位としてセント法が使われる。これは平均律の半音を一〇〇とし一オクターヴを一二〇〇とする測定法である。セント法は十九世紀初頭フランス人ガスパール・ド・プロニーによって開発され、ヘルムホルツの『音感覚論』の英訳者であるアレクサンダー・エリスが『諸民族の音階』（一八八五）の中で提唱したことで知られている。エリスはこの著作の中で、世界各地の音楽で使われる様々な音階をセント法で表し比較するという業績によって、民族音楽学の誕生に大いなる功績を残した。平均律では表現できない西洋クラシック以外の音楽、あるいは平均律の枠内には収まらない古典音律を使った西洋古楽を俎上に上げたという点において、エリスの仕事は西洋中心主義に収まらない多用な価値観の重要性を強調しているというのは確かだろう。しかしそれがあくまでも平均律を基にした測定法であるという点については注意を払わなければならない。つまりセント法とは平均律からどのくらい離れているかを示す測定法なのだから、西洋の価値観を元に西洋的な視点から非西洋を観察するための方法論であるとも言える。こうなっては非西洋音楽が西洋音楽に組み込まれてしまうことになり、文化の融合が果たされる時ですらも、基準となるのは西洋の平均律を基にした物差しであるということになってしまう。更にこのセント法の着想の源が十九世紀初頭のフランスにあるとすれば、既に見た革命政府によるメートル法などの度量衡の統一の試みとその発想を同じくしていることは明らかである。つまり非西洋を標榜する文化がその背景として実は西洋的な基準を水面下に隠し持っている点において、セント法は一つのモデルニテ《現代性》を体現していると言えるだろう。

　最後に十九世紀末を実際に生きた作曲家サン＝サーンスが平均律に対して毒づいている文章を引用しておきたい。

> ということで、我々の時代においてピアノの強力な影響を免れている人間などいるのだろうか、という問についても考えてみたい。この影響は、ピアノの誕生以前に、セバスチャン・バッハの『平均律クラヴィーア集』が道を開いたものである。和音の整律がシャープとフラットを同義とし、すべての調で演奏が出来るようになって以来、クラヴィーア［＝鍵盤］の精神が世の中に浸透したのだ。［…］この精神は、異端である異名同音を際限なく伝播させることによって甚大な被害をもたらす暴君となった。この異端文化から、ほぼすべてのモダン芸術が出来することとなったのである。この異端文化はあまりに豊穣すぎるがゆえに、まったくもって嘆かわしいと言うことが出来る。しかし、この異端文化はおそらく遠い将来にではあるが決定的

に消失する運命にあるのは確かだろう。それはこの文化を誕生せしめた進化がもたらす必然の帰結なのである。(35)

この「シャープとフラットを同義とし」と「異名同音」という表現によって指し示されているのは平均律である。もちろんバッハの『平均律クラヴィーア集』が挙げられているところから見ても、ここで議論の俎上に上がっているのは厳密な意味での平均律だけではなくヴェルクマイスター律など近似平均律も含むと考えられる。だが十九世紀末から二十世紀初頭を代表する作曲家が当時の平均律の専制的な状況に対し「異端」の一語を用い「豊穣すぎるがゆえに、まったくもって嘆かわしい」と非難しているのは極めて興味深い。まさにサン＝サーンスは平均律だけではなくモダン文化全体の特徴、すなわちモデルニテ《現代性》の問題を喝破していたのである。

結　論

以上のような平均律についての考察は、従来の音楽史の常識に再考を促すものとなる。平均律が調性音楽の〈進化〉に寄与したという側面と同時に、逆に調性音楽の崩壊を促し無調性音楽誕生の起因となった側面もあったという見方が出来るからである。我々はこのように一見相反する性質を共に併せ持つ文化の側面をモデルニテ《現代性》と呼んだのだが、このモデルニテ《現代性》を巡る問題系は現在芸術に関わる人間にとっては至る所で見受けられる極めて重要な問題系だと言えよう。平均律を批判するのでもなく、また平均律を崇めるのでもなく、平均律が壊してしまう要素をしっかりと踏まえ、更には平均律がすくいとれる要素をも射程に入れた上で今現実の音楽とどう向き合うかということが問われている。

［註］

（1）阿部良雄、『シャルル・ボードレール　現代性《モデルニテ》の成立』、一九九五年、河出書房、八頁。

（2）James Murray Barbour, "Bach and the Art of Temperament", *Musical Quarterly*, Vol. XXXIII, 1947, pp.64-89.

（3）Hermman L.F. Helmhotz, *On the sensation of tone as a physiologique basis for the theory of musique*, London, 1885, (trarslated by J. A. Ellis), pp.320-1. 原書はドイツ語であるが、エリスの英語版が広く普及している。

（4）J. M. Barbour, *op.cit.*, 1947, p.67.

（5）*Ibid.*, pp.68-9.

（6）平島達司、『ゼロ・ビートの再発見　平均律への疑問と古典音律をめぐって』、ショパン、二〇〇四（復刻版）、一三二頁。

（7）鈴木雅明は実際にチェンバロをヴェルグマイスター律に調律したCDを発表している。『J・S・バッハ：平均律クラヴィア曲集』、Bis, B000264WE.

（8）東川清一編、『古楽の音律』、春秋社、二〇〇一、一二七頁。

（9）以降、便宜的に「平均律クラヴィーア集」という訳で統一する。

（10）『音楽文化研究』、第一号、聖徳大学人文学部音楽文化研究会、二〇〇一：http://www.seitoku.ac.jp/daigaku/music/profiles/sakazaki/HPET.pdf

（11）松本ミサヲ・谷村晃・平島達司・田畑八郎・松田明、「音楽教育と古典調律」、『音楽学　第二九巻（三）』、音楽之友社、一九八三、二二九―二三五頁。

（12）Cf. H・ケレタート、『音律について』、竹内ふみ子訳、シンフォニア、上巻一九九〇：下巻一九九九。

（13）Dominique Devie, *Le tempérament musical*, Société de Musicologie du Languedoc, Béziers, 1990, p. 294.

（14）*Ibid.*

（15）Gérard Zwang, *L'Oreille absolue et le diapason dit baroque*, La revue musicale, 1984, p. 22.

（16）*Ibid.*, p.13.

（17）http：//mvsica.sakura.ne.jp/eki/ekiinfo/tuning.html（二〇一三年三月二日現在）

（18）対して、反平均律派の多くが掲げるイデオロギーの一つに「純正な協和音の美しさ」がある。日本におけるその急先鋒の1人として、研究者ではなく実際の作曲家・演奏家ではあるが、玉木宏樹を挙げておく。玉木宏樹、『音の後進国日本　純正律のすすめ』、文化創作出版、一九九八。

(19) M・ウェーバー、「宗教社会学論文集」序言、in『音楽社会学』、創文社、一九六七、二五六―七頁。

(20) M・ウェーバー、『音楽社会学』、*Ibid.* 二〇〇頁。

(21) Jacques Chailley, *La Musique et le Signe*, Les Introuvables, 1967, pp.86-96.

(22) ケン・オールダー、『万物の尺度を求めて』、吉田三知世訳、早川書房、二〇〇六、一四―五頁。

(23) Jules Lefèvre-Deumier, *Oeuvres d'un désoeuvré: les Vespres de l'Abbaye du Val*, Paris, 1842. 恩師である阿部良雄先生にご教示頂いた。

(24) Dominique Devie, *op.cit.*, p.258.

(25) *Ibid.*, pp. 292-3.

(26) *Ibid.*, p. 296.

(27) Claude Montal, *L'art d'accorder soi-même son piano*, Minkoff reprint, Genève, 1976.

(28) 西原稔、『ピアノの誕生』、講談社、一九九五、五二―七五頁。

(29) Americo Barberi, *Dizionario enciclopedico universale dei termini tecnici della musica antiqua e moderna dai greci fino a noi* t.I, L. Pirola, Milano, 1869, p.28. この資料の調査に尽力し、和訳に関しては適切な指導を頂いた萩原里香氏に感謝の言葉を述べておきたい。

(30) *Ibid.*, pp. 298-9.

(31) *Ibid.*, p.258.

(32) *Ibid.*, p.299.

(33) 田村和紀夫・鳴海史生、『音楽史一七の視座』、音楽之友社、一九九八、一七九頁。

(34) *Ibid.*, 一八四頁。

(35) Camille Saint-Saëns, *Portraits et souvenirs*, Société d'édition artistique, 1900, p.21.

第2章　「和泉屋染物店」の構成――明治末の戯曲に見る時代性

杉山　精一

はじめに

この小論で取り上げる戯曲「和泉屋染物店《いずみやそめものみせ》」の作者木下杢太郎は、本名太田正雄、一八八五（明治一八）年、静岡県伊東の商家に生まれた。少年期から文学・絵画を好み、中学から進学のため東京へ出た。東京帝国大学医科大学在学中から同年の友人、北原白秋と競って詩を書いた。その頃、与謝野鉄幹・晶子夫妻の新詩社に加わり「明星」「スバル」などの雑誌に耽美的かつ異国趣味豊かな作品を発表した。一九〇八（明治四一）年一月、杢太郎らは新詩社を脱退し、北原白秋らと同好の文学者・芸術家との懇話会的なサロンである「パンの会」を結成した。この頃から杢太郎は詩作に加え、戯曲も積極的に執筆しはじめる。その前年、一九〇七年夏の与謝野鉄幹らとの九州旅行で[1]、もともと持っていた日本の南蛮文化への興味をさらに増した杢太郎は、戯曲「南蛮寺門前」をはじめとする多くのキリシタン・南蛮文学を生み出した。そこから、彼の作風は南蛮情緒的、キリシタン趣味、耽美享楽的、などと呼ばれ、文学史的には耽美派詩人と分類されている。

今回、ここでとりあげる戯曲「和泉屋染物店」は、上記の作風すなわちキリシタン・南蛮文学とは趣を異にする、「社会主義が日本に入ってきた時代を背景にして、古い情調の世界の中に起る新しい時代の胎動を描いた」[2]作品である。この戯曲は、江戸情緒が色濃く残る明治末年の紺屋和泉屋の店先で起こる、店の主人である父とその息子との葛藤を描いたものであるが、作者杢太郎はその葛藤の原因を旧時代・旧思想の父と、労働運動や社会主義の思想を身につけた新時代・新思想の息子という構図に置いたため、この戯曲はいわゆる「社会（派）劇」、「思想劇」なのか「情調劇」なのかという論争が少なからずあった。

しかし、筆者はこの小論において、このような二項対立の一方を論証しようと、思っているわけではない。「社会劇」であり「情調劇」であるという可能性、すなわち一方を内包した形の作劇術もあると考えられるし、むしろ、そのような論争がなぜ起きるのか。その点を木下杢太郎の作劇態度、およびその時代背景を探ることによって明らかにしたい。そうすることによって、この戯曲の持つ新しい側面を提示することができるのではないかと考えている。

一　「和泉屋染物店」の成立

木下杢太郎の第六戯曲である「和泉屋染物店」は、一九一一（明治四四）年の『スバル』三月号に掲載され、翌年刊行された第一戯曲集『和泉屋染物店』に収録された作品である。杢太郎は前年一二月末に故郷伊東に帰省して年末年始をそこで過ごし、故郷を「饒舌に細密に」「視聴覚の砥ぎすまされた官能を経て、彩色豊かな絵の具ともまがうべき詩文となって描写し尽」[3]くした随筆「海郷風物記」[4]をものにした。その余韻も醒めやらぬ二月、むしろ余韻のうちに戯曲「和泉屋染物店」を執筆し、翌月の『スバル』三月号に掲載されるのである。[5]

この「和泉屋染物店」は、伊東を思わせる港町にある紺屋和泉屋染物店を舞台とし、正月元旦の夜九時頃からほぼ一時間ほどのできごとを描くものである。舞台は和泉屋の店先とその内部である。正月の注連《しめ》飾り、軒先の御飾りやぶら提灯といった装置に、黒メリンスのおこそ頭巾に蛇の目の傘を持つ登場人物、そして、外は大雪が降り、河口近くの港から汽船の汽笛が響き、時折庇から雪の崩れ落ちる音が聞こえてくるという設定など、和泉屋は杢太郎の生家「米惣」の雰囲気を色濃く醸しだし、当時の情景を情感豊かに配置している。まさに「情調劇」と呼ばれる所以である。

店内からはその家の女たちの賑わしい声や、三味線の音などが聞こえてくる。和泉屋の女房おとせ、娘おその、富田屋《とんだや》のおさい、親類の娘であるおけんが三味線などを楽しんでいる。おけんが爪弾くのは義太夫である。「親子は一世の縁とやら」と「『新口村』の佐和利」を口ずさんでいる。いたって平穏な地方海浜町の商家の正月である。しかし、女たちの会話が娘おそのの縁談に及ぶに至って、家を出ている兄の幸一のことに触れ、何やら不穏な気配が流れ出す。「鑛山《やま》の騒擾《ごたごた》」、事件の発頭人、変名の使用などの断片の情報が、会話する女たちの不安をすこしずつ増加させ、おけんの兄の清右衛門が幸一を連れかえり登場するところで、ひとつのクライマックスを形づくっている。清右衛門の話から、幸一に対する家族の不安は的中していたことがわかり、彼は鉱山での大規模ストライキの首謀者であるらしい、と示される。[6] しかも、登場した彼自身が語るところによれば、世間が知ったら国中が「しつくりかへる」ような大事件にも関係し、[7] 国事犯として手配を受けている。そのため幸一は、最後にひと目実家の人々に別れを告げようと、この雪を利用して峠を越え、実家に帰ってきたのであった。田舎の因習的な世界に安住する和泉屋の人々と、とりわけ江戸時代に生を受け、病で弱った父親の徳兵衛と、「新しい学問」をし、「此場とはまったく遠離せる別世界」を知ってしまった幸一との間の対決が劇のクライマックスを作る。自首をすすめ、お上と先祖に謝罪を求める父。両者の世界観の違いは埋めようもなく、かえって断絶を深めてしまう。そして、再び、幸一は我が家をあとにし、雪の中に消えていく。

この作品中で、主人公幸一が官憲に追われる理由は、鉱山でのストライキを指導したこと、また現在世間を騒がしている重大事件に深く関わっていることである。こうした要素が見いだせることから、この戯曲は社会（派）劇・思想劇[8]なのか、あるいは作者本人もいうように、気分、雰囲気を醸し出してみせたかったという意の情調劇なのかという、研究者の論争がかつて少なからずあった。また、そうした二者択一的な議論だけではなく、[9]社会派の体裁を取りながら、その実、体制への反逆をロマンティックに夢想するに過ぎないという立場や、翌年刊行の戯曲集の跋における非政治性の表明は当局を欺くための韜晦であるという意見など、その解釈はさまざま提出されている。しかしながら、この戯曲の場合、「作者は和泉屋を情調劇だと主張しています。しかし，杢太郎の言うのをそのままに受け取って情調劇とするか、幸一という青年の生き方に的を置いた思想劇とするか断定はむずかしい」し、大逆事件に対する石川啄木や森鷗外などの抗議の意思の表明があった中、この戯曲もまた、そうした「空気」の中で生み出されたものであっただけに、一見、事件には何の関係もない作家たちにも「なんらかの表現を強いた、いわば、踏み絵的な事件でした。ですから、これが、情調劇か、思想劇か、どちらか一方に決めるのをためらうのです。」(10)

しかし、近年、研究者たちは、そもそも社会劇（思想劇）か情調劇かという議論よりも、ある者はそうした二者択一の線引きを拒否しつつ新たな評価を目指し、ある者はそれら評価の起こり来た所以を当時の演劇界をめぐる時代・世相・歴史の中で追求しようとしている。そうした業績で特筆すべきは日本近代演劇史研究会の活動だろう。この会の編で一九九八年に発行された『20世紀の戯曲』は、河竹黙阿弥に始まり森本薫の「女の一生」までの五一本の戯曲の紹介・解説をまとめたものである。木下杢太郎の項目は西村博子が執筆し、「和泉屋染物店」が取り上げられている。彼の多くの戯曲の中で「和泉屋」が選ばれたことは、この戯曲の戯曲としての評価も当然勘案されているが、今まで述べたように内容がもたらした影響、時代世相との関わりも無視できないであろう。

西村はここで前記の問題について、「作者の主観においては前期の、いわゆる『情調』劇に属しながら、歴史の偶然によって結果的には時代の根源的な矛盾をティピカルに反映し、どの『社会劇』よりも深い社会性を獲得した」とする。(11)西村は、戯曲集跋における杢太郎の執筆意図をそのまま受け取り、なおかつ作品の受け手側の受容態度をも視野に入れながら、「情調劇」を作者の主観におき、状況の中で「社会劇」に育ったものとして「和泉屋」をとらえた、穏健で秀逸な解釈を提出している。筆者の問題設定である「社会劇であり情調劇である」ということへの回答のひとつであるが、作者の主観は本当に「情調劇」にあったのだろうか。また、「歴史の偶然によって結果的に」深い社会性を獲得したのだろうか。

そして、西村の叙述の向き、すなわち、作者は情調劇を目指したのだが結果的に社会劇となった、という思考の中に、旧劇に対する新劇の社会的な優位を思わないであろうか。(12) とすると西村の解釈は、「情調劇か社会劇か」という軛《くびき》を解き放ちながら、近代と前近代の比較において、近代劇を優位とする次なる陥穽に陥っていることになる。こうした疑問から「和泉屋染物店」を読み解いていきたいと思う。

二 情調について

杢太郎の第一戯曲集『和泉屋染物店』には、「和泉屋」を含む六篇の戯曲が収録されている。これには戯曲集全体の跋文が付されており、その中には「和泉屋」に触れた部分もある。

『和泉屋染物店』は、劇の茜屋、堀川などの情調を今の予等にとつて合理的であるやうに改作しようと思つて作つたのである。故に前後数段に亙る曲の或一段を取りたるが如くし、而してそれ丈で纏りのつゐているやうにした。三味線などの音曲も、約束からでなく、も少し論理的に使用して見た。情調およびそれに付随する律《リトム》も極て芸術的に取扱い、初めはゆるやかに、且つ詠嘆的に、中ごろより緊迫の度を加へ、やがて最強最急の律に達し、それより尚緊張を保ちつつある降下《リイジス》に移り、最後に些《ちと》の滑稽を加へ、その緊張を別方面より緩和して幕を下すことにした。この律に従って言葉及び科《しぐさ》も取扱はれなくてはならない。而して全曲は全然音楽的に統一せられなくてはならない。(中略)

例へば古風なる『和泉屋』に如何にして幸一が生れ、いかにしてかくの如き運命に会したかを説明するといふことは予の目的ではなかった。情調の統一、situationの対比、各種人物の年齢風俗、その担へる過去及びそのすむ社会の情調等の劇的元素の組合せから、音楽者がAllegro, Serioso, Grave等を用ゐ、色彩画家が黄緑等の顔料を用ゐてするが如く、予は一種の劇的合成を創造しようと欲した。雪の夜、その粛かさ、遠き馬車の笛、爪弾のさわり、またお高僧頭巾、蔦の紋のぶら提灯、しんみりとした昔話、かなしみ、なつかしみまた驚愕、悲嘆、其他坑夫の服、汽笛の音などは実は予の音楽の鍵となり、予の絵画の色となるものである。読む人は寂莫たる雪の夜の、しんみりした染物店へ、外の雪を外套につけた黒衣の一人物がぬつと気味わるくはいつて来る時の目付、様子、その情調に同感し、それ丈で満足して下さらねばならぬ(13)。

この中で杢太郎は繰り返し「情調」という語を用いながら、それが戯曲の有力な構成要素であることを主張している。杢太郎ははっきりと「和泉屋」は旧劇のリメイクであることを述べ、その作劇法は登場人物やその背景という要素を組合せ、一種の劇的合成を作り上げようとした。ここで、杢太郎の真意、すなわち、なにゆえ旧劇の情調を現代に蘇らせようとの意識を持ったか、主人公たる孝一の「実存」を解明することがこの戯曲の目的ではなく、「一種の劇的合成」を作り上げることが目的なのか、を追求する前に、キーワードとなっている「情調」について、その語の意味するところを明らかにしておこう。そして、この情調、とりわけ「江戸情調」については、「和泉屋」執筆に先立つ一九〇八年に始まった「パンの会」の活動に則して考えてみることが必要である。

パンの会は明治末期、杢太郎や北原白秋、画家の石井柏亭らが中心となって作った文学者や芸術家の集いで、山本鼎、高村光太郎、永井荷風、谷崎潤一郎など広く文学・美術関係の人びとが参加した。彼らの多くは耽美派と呼ばれ、この集いはグループ名であると同時に、芸術運動の主体ともなった。一九〇八（明治四一）年一二月に始まり一九一二年頃終わった。会の名称であるパンはギリシア神話の牧神であり、杢太郎が命名した。杢太郎にとっては数々のペンネームを使った彼が「木下杢太郎」となった頃から始まり、大学を卒業し医師となった頃終わった。そこに集った人々は例外なく若者であった。杢太郎は白秋と同じ二五歳、柏亭は二八歳であったがその他はだいたい同年配の青年たちであった。まさに宇野浩二の言うように「明治末期の青春記[14]」であった。杢太郎は後年パンの会を「明治の文藝の流の間の一つのたわいもないエピソオド[15]」と卑下するが、毎回月に一度ほど日本橋や深川、あるいは両国の洋食屋で食い飲み、そして論じ歌った。なぜか川や運河が見える場所で、それは川をセーヌ川に見立てパリにいる気分を味わおうとしたものだという[16]。パンの会結成のそもそもの発端は「日本にはカフエエといふものがなく、隋つてカフエエ情調といふものがないが、さういふものを一つ興して見ようぢやないか」というものであったが、実は「巴里の美術家や詩人などの生活を空想し、そのまねをして見たかつたのだつた」と正直に告白している[17]。要するに客気に溢れた若者たちが、「(この会に)文化的意義などを附して得意がつ」て、大声で西洋芸術を論じ密やかに近代的苦悩を溢しあったのであった。彼らのある意味放肆な態度を積極的に評価したのは野田宇太郎であった[18]。パンの会に集った若者たちがデカダンの傾向を帯びたのは、当時の因循な封建思想や封建固陋の文学に対する反逆であり、彼らの武器は欧羅巴文学文化であった。ここからエキゾティシズムの愛好が始まったという。この異国趣味愛好の度合いが激しかったことは、これまで何度も散見される情調ということばを文学史上に残したことでもわかる。「情調」はもともとは文学用語になかった。野田によると「英語のemotionの訳語として情緒という言葉はあるが、同じ英語のmoodに相当する訳語はそれまでの文学用語としては「気分」程度の曖昧な用語しか見当たらない。」そこで彼らがmoodに相当する言葉として緒の字の代わりに調の字を当て、「情調」としたという。よって、エキゾティシズムは異国情緒ではなく異国情調であり、このように情緒を情調と厳密に弁別化できる程、パンの会のメンバーはエキゾティシズムに対する理解と能動性を持っていたと評価する[19]。

そして、彼らの理解力や能動性は、ヨーロッパ文化に対してのみならず江戸文化に対しても向けられた。当時、日進月歩していく東京において廃れゆく江戸の名残を惜しむ感傷は、多感な青年の脳裏に大きな影響を与えた。同時に彼らは次の東京、すなわちヨーロッパ化していく東京を作る知識人予備軍でもあった。「従って彼らの江戸情調は、日本人ではなくむしろ異国人が珍奇な眼で眺める古い東京と同じ角度でそれを眺めた情調であった。[20]」この若者たちにとって江戸とは、それまでの日本人と同じような懐古趣味ではもはやあり得ず、すでに「異国情調」だったのである。杢太郎にとってもその傾向は顕著であり、とすれば、「和泉屋」が情調劇であるということ、また、江戸情調そのものである「旧劇の茜屋、堀川など」を今の自分にとって合理的に改作しようとして作ったのならば、次に手本とされたこの旧劇を検討してみなければならない。

三　旧劇について

「和泉屋染物店」は『義太夫節にて幕あく』とある。店先にはおとせ、おさい、おけん、おそのの四人がいる。『今しもおけんは膝より三味線を滑したる所なり』とあるように、冒頭義太夫の佐和利を唸っていたのは、おけんである。また、のちのト書きに『新口村の佐和利の所を小さい聲で語りながら弾く』とあるため、おけんが語るのは「新口村」であることがわかる。[21]近松の「冥途の飛脚」とは、とりわけその最後の場面である「新口村」とはいったいどのような場面なのか。ことさらに杢太郎が「和泉屋」で、おけんにこれを語らせるのはいかなる意図によるものか。また、地方の海浜町の商家の女たちが一種の嗜みとして三味線を爪弾き、義太夫を唸るということは、江戸の都市文化が地方の海浜・農村部にまで及んでいることを示し、東京から船で雑貨を仕入れていた商家に育った杢太郎は、そうした文化的な環境に幼少期から自然に馴染んでいた。[22]いわば新旧取り混ぜた文化の中に杢太郎は育ったといえる。そして、中学から東京へ出た杢太郎に明治一〇年代から始まった女義太夫のブームが待っていた。正岡子規も漱石夏目金之助も寄席から寄席へ走り回り、奇しくも夏目の英語の生徒であった杢太郎も同様の嗜好を持った。彼は二十歳の頃の詩に豊竹昇菊、昇之助という、当時人気絶頂であった女義太夫のコンビの名を記す。

街頭初夏
紺の背広の初燕　地をするやうに飛びゆけり。／まづはいよいよ夏の曲、西―東西の簾巻けば、濃いお納戸の肩衣の／花の「昇菊、昇之助」／義太夫節のびら札の／藍の匹田もすずしげに／街は五月に入りにけり／赤の襟飾、初燕／心も軽くまひ行けり(23)

杢太郎はフランス語で記した日記に昇菊にキスする妄想を書き、志賀直哉も女義（女義太夫を略してこう呼んだ）の寄席に通い詰めた(24)。杢太郎や志賀直哉だけではない、当時の学生を中心とした青年たちを虜にした女義は、いわば江戸情調の残り火ともいえよう。しかしながら、杢太郎は自らの女義愛好の癖ゆえに、あるいは単に懐古趣味の発露というだけで、「和泉屋」冒頭からおけんに「新口村」を語らせているわけではなかろう。自らの趣味・嗜好から発しているのは確かであるが、そうした自らの「江戸情調」への嗜好をさらに作劇へと昇華する意図を、先ほどの「和泉屋跋」から感じないわけにはいかない。そして、それは自らの嗜好を実際の「旧劇」のストーリーに組み込むことによってなされるだろう。

実際の旧劇のストーリーとは、前出の「新口村」である。その「新口村」を含む浄瑠璃「冥途の飛脚」は別名梅川忠兵衛という通称でも知られる(25)。大坂の飛脚問屋の養子である忠兵衛は懇意の女郎梅川の身請けのために客の金に手をつける。晴れて夫婦になった二人だが、詮議は免れまいと忠兵衛の生まれ故郷大和の国の新口村に逃げる。追手を逃れて村まで辿り着いた忠兵衛と梅川だが、そこはすでに追っ手が掛かっていた。忠兵衛の実父孫右衛門の鼻緒が切れ泥田へ転げ込んだのを見て、梅川が助ける。息子のことを思い孫右衛門が泣き、梅川も泣く。

しかし忠兵衛は隠れていた障子から手を出して伏し拝むだけだった。幼馴染みの忠三郎の助けで、忠兵衛と梅川はいったんは逃げるが、役人に捕まってしまう、というストーリーである。この中で特に注目すべきは、忠三郎が忠兵衛と梅川を落としてやるのは孫右衛門の依頼があったからなのだ。つまり罪を犯して実家に逃げてきた息子を、親は逃がしてやるが結局は役人に捕まってしまい涙に暮れるという話になっていることである。

このような内容を持っている「新口村」が、「和泉屋」の背景に流れることは、観客にある一つの予感を与えることになろう。杢太郎はそうした「暗指」を非常に意識して戯曲を構成している[26]。そこで述べているようにまさに「新口村」は父子の情愛を暗指する。「和泉屋」で幸一が都会で新思想にかぶれ、官憲に追われて故郷に落ちてきたとき、父は息子を気遣い落としてやるよう仕向ける。少なくとも観客はそのように思うであろう。

ここにおいて杢太郎のねらいは明瞭である。まさに、言語は連想を隠しているのである。しかしながら、意に反して、父は自首しろお上やご先祖様にお詫びしろと掻き口説き、おけんはあわてて取りなし、母はおろおろするばかりのなか、幸一は「世界が違うのです。お互いに理会《ママ》しないのです」と雪の中去っていく。「和泉屋」の父子はすれ違い、理解し合うことはない。これが杢太郎の考えた「合理」であり「新しさ」であった[27]。

さて、これまで述べてきたように、木下杢太郎「和泉屋染物店」という戯曲は、旧劇の合理的改作、すなわち戯曲の近代化であると作者自身は考え、しかもその戯曲内で旧劇と新劇の質的対比がなされていると解釈できる。しかし、新旧の対比とは何か？　旧は今まで「情調」という語で示されるそれである、と述べてきた。すると「新」とは何か。杢太郎は何を持って「新」と、すなわち近代的と考えたのであろうか。

四　「新」劇について

「この集に収めたる六篇の戯曲は何れもdecoratifのものばかりである」と戯曲集の跋に書いた杢太郎は、その言の通り、日本の戦国期（「南蛮寺門前」）から現代劇（「和泉屋染物店」）まで、ホフマンスタールの模倣（「燈臺直下」）からアラビアン・ナイト（「醫師ドォバンの首」）まで時間・場所をさまざまとりながら「decoratifのもの」で第一戯曲集をまとめた。この方法は杢太郎なりの「近代劇」への模索であった。杢太郎があがいているこの時期、歌舞伎などの旧劇から壮士芝居をステップに新派劇が出てきた。イプセンなどの翻訳劇もそここで実験的に上演されている。しかし、今現在われわれが脳裏に思い浮かべるような「新劇」はその方法論と共に未だ「未定」の頃だった。それは単に作家たちの「未熟」の故のみではない。日清・日露戦争に「勝った」とはいえども、文化と共に社会が未だ未定の日本だった、という要素が非常に大きいと考えている。「パンの会」の知識人たちとは異なる、文芸協会私演の「人形の家」を見ての帰りの車夫の言葉がそのことを強く印象づける。(28)

「旦那、なんて静かな芝居なんですい。へい？　三崎座の方がこちとらにや余程《よっぽど》好うムんすぜ、あれで面白いんですかね真実《まったく》の所？……（中略）……だって、から芝居らしく無いぢやありませんか（中略）云ふ事もする事も、まるで本当《ほんと》の事のやうですからね」（傍線筆者）

　したがって、旧時代（世代）と新時代（世代）の、旧弊な保守思想と社会的な広がりを持った新思想との対決をクライマックスとした「和泉屋」が、初演当初その劇評でおよそすべての評者がその「情調劇」的要素ばかりに着目したのも無理はないだろう。例えば、『都新聞』で長年劇評を担当した伊原青々園の「和泉屋」初演の劇評は次のように始まる。

「時は元日の夜ふけで外は雪が降りつゝある。古ぼけた此の染物屋の店先で女同士が火鉢の側に集って爪弾で義太夫の三味を弾いて居る。其うしたじつとりした情調は可成に出ている。(25)」

　しかし、ある意味それが杢太郎の「ねらい」であったといっても過言ではない。杢太郎の評論「三新作脚本の実演」(30)を使い、杢太郎の方法意識について考察した越智治雄は「杢太郎にとって社会劇は習作でしかなかった」という。なぜか。社会や生活の全般を一幕のうちに見るのは、「『見物の頭が実演の戯曲の後ろに暗指せられたる世界を感ずるからである』、しかるに『まとまったtraditionalになら』ぬ現代では、これは至難の事に属す、と。」よって、杢太郎は、「現代」を描くに新派や翻訳劇を利用せず、歌舞伎等の「近世の情調」を逆用して「現代の生活」を定着させようとする、というのである。(31)

このことの事情は以下のように考えられるであろう。舞台にはあたかも「現代」が乗せられているかのようである。しかし、当時の日本のどこに、そのような現代があるのか。たとえば、鹿鳴館を思い浮かべてみればよい。条約改正を目標に、近代化をアピールするためのにわか仕立ての西洋夫人を現出させる、洋楽を奏で、ワルツを踊る。その当時、どこにワルツを踊る日本婦人がいたものか。むしろ時代の実相を舞台の上に示したければ、前時代の、江戸情調の世界を乗せるがよろしかろう。まさにそれが「ほんとう」だったろうから。いや、むしろ遡らねばリアルな世界を示せなかったところに、当時の演劇の問題点があったともいえるだろう。つまり、現世のリアルが舞台上で表現できるほど、役者も観客も近代化されていなかった。このことを「和泉屋」に当てはめて考えるとどうであろう。幸一と父徳兵衛との対決は、一見すると新世代の幸一による旧世界の否定のように見える。しかし、否定する幸一に旧世界を否定する新らしい世界があるのだろうか。いわば、幸一が示すべき「現代」とは何であったのか。

前出のように、息子幸一と和泉屋の主人の徳兵衛との対決が、この戯曲のクライマックスに設定されている。そして、両者は理解し合うことなく、幸一は雪の中に消えていく。

幸一　（前略）今度東京で捕まった私の友達だってえらい人なのです。それを世間が罪人にしたのです。
徳兵衛　お前は勿体ない事を云う。勿体ない事を云う。
幸一　（夢遊病者の沈着を以て）世界が違うのです。お互いに理解しないのです。暗い夜の世界から私は始めて明るい世界を見たのですね。（後略）

徳兵衛　（下駄を捜すが如く庭を見廻して）幸一、お前は気が狂ったのか。
幸一　（がっくりと我に帰りしものの如く）え、お父さん。

林廣親は、両者の言葉の「通じなさ」を単に前時代の徳兵衛たちの「負け」、すなわち、幸一たち新時代新世代の勝利とはしない。それは幸一が抱えているであろう新時代の理念も、通じないまま放置されるからである。「それは、革命家である友人を〈えらい人〉と呼ぶしかないように、幸一がみずからの世界の言葉で自らの物語を語れないからである。リアリズム劇としての『和泉屋染物店』の成功と限界は根を同じくしていると言えよう。(32)」

林が示した解釈に幸一の示すべき「現代」は示されている。しかし、わたしは「リアリズム劇」の限界がこの戯曲の本質的評価とは思わない。杢太郎は「現代」を解明しようという目的を、この戯曲に付していない。ただ「劇的要素」を組合せ、情調との対比の中で「現代」を観客に「喚起」せしめることが、杢太郎が目指した目的であった。そして、いみじくも菅井幸雄が「そして『寂莫たる雪の夜の、しんみりした染物店へ、外の雪を外套につけた黒衣の一人物がぬつと気味わるくはいつて来る時の目付、様子、その情調』に観客が『同感し』うるように、ドラマは構成されたのである。(33)」（傍線筆者）というように、「和泉屋染物店」という戯曲は、作者が目的としたであろう「情調の現出」を見事に構成し得たのである。

結　び

木下杢太郎は医学者・文学者ということもあり、その師森鷗外と否応なく比べられてきた。そして、その評価は「骨の髄まで好事家」で「芸術の有らゆる方面に」才能・学識を持ちながら、どれひとつとして貫けなかったと宇野浩二に評されるように、鷗外の盛名からはほど遠かった。しかし、たとえば杢太郎は鷗外のように「雅文体でこれみよがしに恋愛体験などひけらかさなかった。」そして、「むしろ好んでスターなり権威なりにおさまるのを避けたふしがある。[34]」

　このことは杢太郎と同年の、夏目漱石「三四郎」の主人公小川三四郎が、自らの将来に思いをはせるときに浮かんだ「三つの世界」と、それに対する三四郎の将来への予測を対比してみることは、杢太郎が「和泉屋」を執筆した時点の作者としての態度の取り方と、その頃の青年たちの心情とが推測できる傍証となるのではないだろうか。

　三四郎は自分の将来には三つの世界があると考えている。第一の世界は、江戸文明の残光を浴びて、のんびりとした秩序が支配する時代である（「明治十五年以前の香がする。凡てが平穏である代わりに凡てが寝坊気ている」）。この世界は自分にとって論外の世界であり、自然と疎遠になるであろう。第二の世界は「苔の生えた煉瓦造り」の図書館と学問の世界である（「服装《なり》は必ず穢ない。生計《くらし》はきっと貧乏である」）。三四郎は自分には不向きと考える。そして、第三の世界は、当時の最高学府で学んだ多くの者が当然選択する官吏や実業の世界である（「燦《さん》として春の如く盪《うごめ》いている」）。三四郎は、小説の時点では「迷える子羊《ストレイ・シープ》」でありながら、いずれ自分が第三の世界を選択するだろうと考える。もちろん、杢太郎太田正雄は煩悶葛藤の末第二の世界を選択する。あたかも師鷗外森林太郎が『舞姫』で示したような状況の中、それでも官吏の道を歩むように。

　このことから、「『和泉屋』以外の戯曲に」「社会的関心は全く見ら」ず、よって、杢太郎自身に「社会に対する懐疑や疑問はない。むしろ、無関心でさえあったといっていい。[35]」という評価に対して、和辻哲郎が「木下は確乎としたフマニストであって享楽人ではない。[36]」とする文章と共に疑問を提示しておく。

「はじめに」で掲げたこの小論の目的は、杢太郎の戯曲「和泉屋」の評価を巡って起こった「社会劇」と「情調劇」の論争を、作者の作劇態度、およびその時代背景を探ることによって明らかにすることであった。そのことについて、結論として述べることは以下のようなことである。杢太郎自身の意図・態度は一貫している。まさに、「情調劇の現出」であった。しかしながらその時代状況によって、二分される評価を呼び、逆にそのことが「和泉屋」という戯曲を、時代を象徴する作品とならしめたのであった。

［註］

（1）このとき一緒に旅行した五人（与謝野鉄幹、北原白秋、平野萬里、吉井勇と杢太郎太田正雄）が交代で匿名執筆した紀行文は新聞連載され、戦後野田宇太郎によって「五足の靴」と題する紀行文集にまとめられた。五人づれ、『五足の靴』、岩波書店、二〇〇七年

また、彼らがこの九州旅行を敢行した一九〇七（明治四〇）年、時を同じくして小川三四郎が東京帝大入学のため、彼らと入れ替わるようにして九州から上京した。いうまでもなく、小川三四郎とは夏目漱石の小説『三四郎』の主人公である。彼はその春熊本の五高を卒業し、九月に開講する帝大の授業のため、杢太郎たちが九州の各地を駆けずり回っている夏の終わりに車中の人となった。また、三四郎が途中名古屋の宿に宿泊した際に記した宿帳によると、奇しくも彼は杢太郎太田正雄と同年の明治一八年の生まれである。現実（fact）と小説（fiction）の偶然の合致がある。

（2）山本二郎、『南蛮寺門前　和泉屋染物店』、岩波書店、一九五三年、一八四頁、解説より

（3）杉山二郎、『木下杢太郎　ユマニテの系譜』、中央公論社、一九九五年、参照。

（4）『木下杢太郎全集　第七巻』、三二七頁―三五七頁、一九八一年、岩波書店。「海郷風物記」の最初の段落の末尾には、「明治四三年一二月二九日伊豆伊東に於て」と記されている。末尾の文章には日付の記載はないが、一月七日に筆が走ったらしく、夕刻、夜、深夜と筆を重ねている。

（5）伊東から帰京した後、本格的に「和泉屋」を書き始めたらしく、二月後半には脱稿したようである。「日記には、一九一一年二月、家ではやかましいので和辻哲郎の家で「和泉屋染物店」を書き継ぎ、この月二三日に原稿が出来たらしく、森鷗外に見せに行っている」藤木宏幸『「南蛮寺門前」と「和泉屋染物店」』（『悲劇喜劇』、早川書房、一九八五年三月号、所収）

（6）ここで言う「鉱山」は、単に、すぐにも想像される「足尾銅山」を指すものではない、と西村博子は言う。いわゆる足

尾銅山の大暴動は一九〇七（明治四〇）年二月に起こったが、この種の労働争議は全国で頻発し、この年だけでも約240件発生している。杢太郎がある特定の争議を念頭に戯曲中に挿入したとは考えにくく、むしろ、日露戦争後の不況の中で、社会矛盾が極限にまで高まっている世相をとらえたと見る方が妥当であろう。（西村博子、「木下杢太郎『和泉屋染物店』（一幕）」、『20世紀の戯曲』社会評論社、一九九八年）参照。

（7）この「大事件」は周知の通り大逆事件を指す。というのは、大逆事件の大審院判決があったのは一九一一年一月であり、ちょうどこの頃、杢太郎は「和泉屋」を執筆していた。掲載された雑誌『スバル』の発行はその年三月のことである。ただし、このとき発表されたものでは、主人公孝一の「罪」は単に鉱山のストライキの首謀者として設定されているだけで、「大事件」に関わりがあるように付け加えられたのは、翌一九一二年七月の第一戯曲集『和泉屋染物店』（東雲堂書店）刊行時である。このズレが起こった理由については、大逆事件は当時庶民にはまったく詳細は知らせず、いわゆる情報不足の側面があったためと考えられている。

（8）杢太郎の甥である太田慶太郎は、「和泉屋」は杢太郎最初で最後の思想劇であり、主人公幸一を「昭和初期のプロレタリア演劇の主人公たちの先駆者」であるとする。「木下杢太郎の二つの戯曲」、『悲劇喜劇』早川書房、一九七六年十一月号。

（9）『その事件の暗示によって「人々が喚起する浪漫的な想像力を求めた」』（西村博子、「木下杢太郎『和泉屋染物店』（一幕）」、『20世紀の戯曲』社会評論社、一九九八年）参照。

（10）村田稲造、『木下杢太郎の文学と伊東』、杢太郎会、二〇〇三年。

（11）西村博子、「木下杢太郎『和泉屋染物店』（一幕）」、『20世紀の戯曲』社会評論社、一九九八年、所収。

（12）いわゆる、演劇史上における歌舞伎に代表される旧劇と、明治後半以降輸入された翻訳劇に代表される新劇という意ではなく、ここにおける旧劇、新劇は明治期におけるそれ以前とそれ以後の演劇という広義の意で用いている。

（13）「『和泉屋染物店』跋」、前出、全集第十三巻所収、三頁―八頁。

（14）宇野浩二「明治末期の青春期」、『現代日本文学大系25　與謝野寛他』、筑摩書房、一九七一年、三八七―三九六頁。

（15）木下杢太郎「「パンの會」と「屋上庭園」」、全集第一五巻、三四七頁―三五三頁。

（16）「下町でなるべくは大河が見えるやうな処といふのが註文であった。河岸になければ、下町情調の濃厚なところで我慢しようといふのであった」木下杢太郎「パンの會の回想」、全集第一三巻、一五六頁―一六四頁。

（17）木下杢太郎　同右

(18)「彼等が放肆といわれる理由はその青年性にあった。つまり彼らは青春の権利として享楽を主張したのであった。その青春のみが完全に抱き得る人間性の権利こそ、パンの会を文藝運動として成功せしめた力であった。」野田宇太郎「日本耽美派の誕生」、『現代日本文学大系25　與謝野寛　他』、筑摩書房、一九七一年、三五五頁―三八〇頁。

(19) 前出、野田宇太郎「日本耽美派の誕生」

(20) 前出、野田宇太郎「日本耽美派の誕生」

(21)「新口村」とは近松門左衛門作の「冥途の飛脚」の下之巻の後段である。近松門左衛門『曾根崎心中　冥途の飛脚』岩波書店、一九七七年。

(22)「東京からさう遠くもない港へ押送が入って学問好きな人の家に『窮理問答』『世界膝栗毛』『學問のすすめ』などが齎され、『當世女房氣質』『北雪美談』の並ぶ本棚を占領し、英山英泉の華魁、豊國、國貞の役者繪、國滿が吉原花盛の浮繪《うきえ》などの繪巻の後に芳虎が「英吉利國」清親が「東京名所圖」や「無類絶妙英國役館圖」「第一國立銀行五階造」の圖などが繼ぎ足され、獵虎帽の年寄りが須彌山説の代りに西洋舍密の話をし始めたころの事である」木下杢太郎、「『石竹花』竝序」（詩集『竹枝』）、前出全集第一巻

(23) 木下杢太郎、「街頭初夏」（詩集『食後の唄』）、前出全集第一巻。豊竹昇菊、昇之助は姉妹で大夫と三味線というコンビであり、一九〇一（明治三四）年大阪から上京し、たちまち大人気となった。

(24)「女義の寄席に行ったのは六〇日、行きたかったがやめたとか、昇之助の噂を聞いたなどの記述があるのが四十数日、つまり三日に一回は女義に関することが何かしら記されているのである」水野悠子、『娘義太夫』、中央公論社、一九九八年。

(25)「冥途の飛脚」は近松門左衛門による浄瑠璃台本であり、一七一一（正徳元）年、大坂竹本座で初演された。寛政年間に「恋飛脚大和往来」の題名で歌舞伎化され、その三段目が「新口村」である。もともと「冥途の飛脚」には「新口村」のタイトルはなく、義太夫狂言として歌舞伎化された際に、三段目に「新口村」のタイトルがつけられた。おけんは歌舞伎化した元「冥途の飛脚」（「恋飛脚大和往来」）の「新口村」を口ずさんでいるわけである。こうした浄瑠璃から歌舞伎へ、あるいは歌舞伎から浄瑠璃へ、という改作は「趣向取り」「狂言取り」という作劇法で、義太夫節の人形浄瑠璃で上演された台本を、歌舞伎に取り入れた演目を義太夫狂言と呼ぶ。狂言取り、趣向取りについては、土田衛「狂言取り・趣向取り」（『日本文学研究資料新集9　歌舞伎の世界』所収、有精堂出版、一九八八年）を参照。

（26）杢太郎は戯曲集の跋でいう。「言語は聴衆に明瞭なる、論理的なる世界を見せ、それに反して動作は混沌として形なき情の薄明を暗指する。而してその薄明のうちに傳説、聯想、幾代相續の情緒等の諸象が旋回してゐるのである。既に予の戯曲には、動作は人間動作中尤も藝術的なる、暗指的なるものを選んだのであるが、次に言語とても、亦特殊の情緒、聯想を隠してゐるものを集めようと努力した。」前出「『和泉屋染物店』跋」全集第十三巻、三頁―八頁。

（27）「父と子の決して理解しあえない断絶と別離。二人の住む世界は全く異なっており、際立った『対比』をなしている。これが杢太郎の『合理』であり、前代の『旧劇』にはない新しさであった。」前出、西村博子、「木下杢太郎『和泉屋染物店』」

（28）越智治雄『明治大正の劇文学』、塙書房、一九七一年、二五二頁。

（29）「都新聞」（一九一四年九月一〇日付）伊原青々園筆の初演劇評。当時の「都新聞」の紙面の傾向や評者の伊原青々園の評者としてのスタイルについては、森銑三『風俗往来』（小出昌洋編『風俗往来』中央公論新社二〇〇八年三月）所収の「大正時代のユーモア」、「大正時代の都新聞」などを参照のこと。

（30）木下杢太郎、「三新作脚本の實演」、全集第七巻所収。

（31）越智治雄、前出、二六六頁―二六七頁。

（32）林廣親「〈演劇の近代〉をめぐる私的覚え書き」（『国語と国文学』、一九九七年五月号、至文堂、三一頁―四四頁。）

（33）菅井幸雄、「近代劇史における木下杢太郎の位置」（『悲劇喜劇』、一九八五年三月号、早川書房、一二頁―一八頁。）

（34）池内紀、『文学フシギ帳』、岩波書店、二〇一〇年、二六頁―二九頁。

（35）前出、西村博子、「木下杢太郎『和泉屋染物店』」

（36）和辻哲郎、「享楽人」（『和辻哲郎感想集　偶像再考・面とペルソナ』、講談社、二〇〇七年、および坂部恵編、『和辻哲郎随筆集』、岩波書店、一九九五年。）

テクノロジーに対する歴史知的発想

石塚正英

世に謂うローテクとは、旧式の技術のことをさす。そうであるなら、あらゆる技術は開発当初はハイテクであって、遅かれ早かれローテクになりさがる。ハイテクとローテクについて、そのような定義をしたのでは、2つの言葉に固有性が生まれない。

私は技術を自力＝ローテクと他力＝ハイテクの2つに区分する。停電しても関係なく動く技術：人力車・人力発電などは自力技術である。それに対して、停電したら動かない技術：電気・電子製品一般は他力技術である。あるいはまた、身体の（自然な）動きを維持し補強する技術ならローテクであり、反対に身体の（自然な）動きとは相対的に別個の動きを作り出す技術ならハイテクである。

動力で分類すると、自転車に代表される人力（物理的）機械はローテクで、電気洗濯機・冷蔵庫などの電動（電気的）機械や携帯電話・デジタルカメラなど電子（IT的）機器はハイテクである。そのほかのエネルギーでみると、自然力（太陽エネルギー・水力・風力・火力など）はそれのみであればローテクに関係し、電気力（電磁誘導によるエネルギー）や原子力（核融合および核分裂によるエネルギー）はハイテクである。

おおきく概念区別をすると、ローテクは人の不健康と苦痛を軽減し心を豊かにする。それに対して、ハイテクは人の健康と楽しみを増幅しモノを豊かにする。どちらも大切であるが、技術の基礎はローテクであろう。優れた技術は永続的にして普遍的なのである。

けれども、技術にはロー・ハイ2種にくわえ、もう一つある。地域に根ざした技術という意味でのローカル・テクノロジーである。これは上記2種の技術ロー・ハイのいずれをも取りこむ。地域にとって相応しい技術であれば、ローもハイも併用し、ドンドン取り込み、ユニット（結合）し、アマルガム（融合）にする。それが、資源問題と環境問題の壁にはばまれている二一世紀人の選択するべき技術革新というもの。資源の地産地消に資する技術を確立しようではないか。

たとえば、かつて農山村において粉引きなどの動力に用いられた木製水車は、現在ではマイクロ小水力発電に転用されている。水量・トルクなど水車を回す力の弱い環境でも、ローカル・テクノロジーはけっして諦めない。水車の回転を自転車の車輪が受け、自転車の発電機（ダイナモ）を車輪に複数つけて回す。ＬＥＤ（発光ダイオード）電球なら充分明るい！　都会の駅では、改札口を通過する乗客が踏む圧力で電気をおこしている。いずれもロー・ハイのユニットである。あるいは、伝統的建築技術で建てられた木造家屋のいくつかは、数百年の風雪に耐えて現存している。その一つ、雪国高田（現上越市）にのこる町家（屋号「大鋸町ますや」）は一八六八年（慶応四年～明治元年）に建造されたが、多少の補強を経て今もしっかりしている。昭和後期に建てられた近代的工法の家屋より長持ちするであろう。雪国ならではの技術がここかしこに活かされているからである。そのようなロー・ハイのユニットこそ、エネルギー自立（サスティナブルな地産地消）を取り込んだローカル・テクノロジーなのである。これは技術に対する歴史知的発想といえないだろうか。

第3章　ドイツ統一戦争における市民と雑誌メディア
——普墺戦争と独仏戦争の描写を中心として

中島　浩貴

はじめに

ドイツ統一戦争におけるプロイセン・ドイツ軍の勝利は、プロイセンによるドイツ統一を決定づけたものであった。この戦争でなされた多くの報道は、事実を伝えつつも、新しい統一国家へと向かうナショナリズムを高める役割を果たした。メディアの報道は、統一戦争と市民の役割を直接的に結びつけ、「軍国主義」を定着させる役割を果たし、ドイツ統一戦争の歴史的な正統性を強調する傾向があった。

ドイツの軍国主義研究は、近年目覚しい発展を遂げているが、ヴォルフラム・ヴェッテ編による論文集『ドイツの軍国主義　一八七一～一九四五』は特に代表的な存在である[1]。これは、ドイツの軍国主義現象についての個別の論文集であり、軍国主義を分析する新しい理論の紹介から、軍国主義の批判者（平和運動家、軍人、女性）の検討、各国別の軍国主義の状況といった問題を取り上げている。このなかで、ヤーコプ・フォーゲルはフォークロア軍国主義という概念を示し、ドイツ一国にとどまらない各国に共通性と相違の入り混じった軍国主義（フォークロア軍国主義）が当時のヨーロッパに存在していたと主張している[2]。この中では、ドイツとフランスが比較対象となっているが、ヴェッテ編『ドイツの軍国主義』ではイギリス、ロシアにおいても軍国主義がかたちは違えど存在し広く見られたものであったことが指摘されている。フォーゲルは、ドイツとフランスの軍国主義の類似と相互間の影響や、両国の軍国主義の水準差などを中心に社会の軍事化傾向を比較しているが、特にこの両国が一般兵役義務を導入し、制度上の共通点を持っていたこと、そして「大衆」が軍に加わることによって、軍隊生活が一般市民にも極めて身近なものとなり、社会が軍の影響を受けやすくなったことを重視している。[3]

また、フランク・ベッカーは、一八六四年から一九一三年までの市民社会の戦争、軍隊イメージの確定をさまざまなメディアから分析している。[4] この研究は、従来ほとんど分析されてこなかったドイツ統一戦争への市民層の対応について分析した研究である。図像史料をも含むきわめて豊富な史料を駆使し、全体像をまとめた研究として、帝政ドイツにおいてドイツ統一戦争がドイツ国民創成に与えたインパクトの大きさを伝える研究であり、市民世論と軍国主義がいかに密接に結びついていたかを証明するものとなっている。この研究は、政治史、軍事史という枠組みを越え、社会史、美術史、メディア論も含めた広範な学際的領域を横断しているものである。とりわけ、このような研究は戦争の記憶がいかにして社会に定着していくのか、個人の「戦争経験」と社会全体における戦争の理解と密接にかかわっており、重要な視点を提供してくれるものである。[5]

本稿では、当時のメディアが戦争のただなかで、市民をどのように描いていたかを見ていきたい。戦争報道の中で描かれた市民の姿は、市民自身の戦争での役割を正統化づける役割をもっており、さらに文化、教養、家庭のなかで位置づけられたことが指摘されている。[6] ドイツ統一戦争をめぐるメディアにおいて興味深いのは、戦争をめぐる報道の中で市民独自の世界観が描写されたことにある。当時のメディアで描かれた市民の世界観の中では、市民から徴兵された兵士は、国家に従属する兵士ではないという認識であった。市民は軍事組織を構成する一要素としてよりも、自立した人間として、自覚して行動する一個人として軍隊に所属する人物として描かれたのである。つまり、市民の戦争に参加する自己意識がメディアの中で描写されたのである。そこで、ここでは市民が戦争とどのように向き合っていたのかを報道を通じて見ていきたい。そして、ドイツ統一戦争のなかで、自己の存在の位置づけを模索する市民の自己像を検討していこう。

一　ドイツ統一戦争とメディア

今回、ドイツ統一戦争期における戦争報道を見ていく際に検討した媒体は、『ライプツィヒ絵入り新聞（Leipziger Illustrirte Zeitung）』である。(7) この雑誌の名前は新聞であるが、事実上週刊誌であり、価格も他の絵入り雑誌に比べ高価であり、比較的中産階級でも豊かな部類に好んで読まれていた。(8) この雑誌の論調は自由主義的色彩が強いものであったとされる。(9) また、同時代の他の雑誌よりも図像の量がかなり多かった。

この新聞に掲載される図像はおだやかで、普段は暴力的、刺激的なものが少ない傾向があった。全体的に、新しい情報を伝達することに主眼が置かれており、少なくともドイツ統一戦争の前後では、諷刺や当てこすりのようなもの、主観が強く感じられるようなものは掲載が控えられていた。また、この雑誌はプロイセンではなく、ザクセンで発行されていた。普墺戦争時には、この雑誌が出版されていたライプツィヒはザクセン王国の首都であり、プロイセンの敵国のオーストリアに味方し、プロイセンとは敵対関係にあった。当初は、ザクセン出版のこの雑誌は、戦争報道において価値判断を控え目に行い、その後独仏戦争において積極的に報道を行うことになるのである。

同種の雑誌、『陸と海（Über Land und Meer）』(10)『あずまや（Die Gartenlaube）』(11) もまた、今回戦争報道を見ていく際に『ライプツィヒ絵入り新聞』とともに比較検討した。『陸と海』はヴュルテンベルクのシュトゥットガルト出版の雑誌であり、『あずまや』は週刊、スタイルは独特の形をとっており巻頭には小説が連載され、その後にニュースと絵が掲載されるかたちになっている。この二誌を用いながら、ドイツ統一以前の地域的な差異に眼を配りつつ、『ライプツィヒ絵入り新聞』を中心に実際の戦争報道のあり方を見ていこう。ここで、『ライプツィヒ絵入り新聞』を取り上げる理由は、もともとリベラルな雑誌であり、市民層の戦争認識をとらえるうえで興味深い題材であること、またザクセンが政治的にプロイセンに距離を置いていたために、ドイツ統一過程における戦争描写の変化を見ていく際に、プロイセン中心主義的な考え方からは明確に距離があったということである。

一般的にメディアの戦争報道をめぐる議論は、政府や軍隊が戦争をどのように報道（ないし検閲）していたかという議論が中心であった。たとえば、「視覚的支配」は、ビジュアルを活用することによって、指導者や戦争を視覚的に認識するように工夫されていた点を指摘している。[12]「視覚的支配」は、国家元首や指導者、将軍など高位の人物を威厳ある像としてみせる視覚的な効果を使うことで、指導者にたいする肯定的なイメージを作り上げ、はては「支配」に結びつけるという特色を持っている。しかし、上からの情報操作にばかり重点を置くのは、メディアの本質的な特色である下からの需要を軽視することにもなりかねない。軍国主義を検討していく上で、一般民衆の積極的な参加というものがあって始めて、社会全体に重大な影響を与える「軍国主義」が形成されるのである。

この点に注目したのが、フランク・ベッカーの研究である。[13] ベッカーは、ドイツ統一戦争、独仏戦争を境に進展していく市民層の軍事化と、ドイツ国家全体に広がる国民化の流れを組み合わせることで、プロイセン憲法闘争以来の市民層と軍部との国内対立を超える「調整」をなしたものとして捉えた。この「調整」は従来単に権威に迎合していく「大衆」として捉えられる傾向のあった市民の自発的な軍国主義への参加を説明するものである。雑誌メディアによる情報の伝達が一部の知識人のみに限定されていた時代とは違って、一九世紀には識字率の向上とあいまって、雑誌メディアの受け手は、あらゆる階層にまで広がっていた。こうしたなかで情報伝達手段として、活字以外の図像の重要性もまた増大してくるのである。絵入り新聞や家庭誌のような図像を多く含んだ雑誌メディアは、まさにこのドイツ統一戦争前後の時期にかけて、多くの読者を確保していた。こうした雑誌メディアの情報は、まさに消費され、受け入れられていた。読者は、比較的富裕な中産階級から労働者にいたるまで多岐に渡っていたが、こうした幅広い層の人々がいわばあずまやで戦争を「擬似体験」したのである。

二　普墺戦争（一八六六年）における『ライプツィヒ絵入り新聞』

『ライプツィヒ絵入り新聞』で用いられた図像は、基本的には単純な図式の情報を伝えるのに向いていた。戦争を伝える図像は多種多様であるが、基本的には戦場に従軍した画家が見聞きした内容について描いた形式がとられた。従軍画家によって描かれた絵が、戦場の状況を伝えるものとして『ライプツィヒ絵入り新聞』を始めとして別の新聞雑誌に掲載されることもあった。

当時の戦争期間中に描かれた絵は、現在、写真に見慣れた我々の眼から見ると、形式的なものに映る。既に準備された構図で描かれる図像が中心を占めていた。特に敵味方の両軍が直接戦っている戦場の図像に関しては、「パノラマ」構図の絵柄が用いられた。一九世紀の「パノラマ」では、敵味方の両軍が整然と隊列を組み、銃の一斉射撃をしているかたちのものが主流であった(14)。当時の戦争画は画家個人の現実に見たものを描くのではなく、従軍した画家が既に準備されたスタイルを描いていた(15)。

しかし、受け手である読者は、本誌に掲載された図像を完全な事実とまでは思わないにせよ、強い事実性を持つものとして捉えていたのであり、また、雑誌掲載図像が、必ずしも特定の従軍画家によって描かれたものだけではなかったことは重要である。アントン・ヴェルナーのような宮廷画家が描いた戦争や、ヴェルサイユ宮殿でのドイツ皇帝の戴冠式に関する絵画は現在でも容易に見ることができ、象徴的な意味合いを持つ。しかし、当時普通の人々がイメージしていたのは、雑誌に掲載されていた画家、従軍画家、そして絵心のある兵士によって描かれた図像であった。

(一) 図像の傾向

まず、出生する兵士を見送る市民と戦場に向かっていく軍人という図式である。駅で出征する兵士と見送る家族という場面は、この時代の戦争に向かう兵士を描いたものの中で一般的な構図であった。戦場に向かう男は、妻との別れを惜しんでいて、その傍らには幼い子供が控えている。この図式は独仏戦争の際にも繰り返され、死という恐怖が目前にある戦場へ出向く男を見送る家族という構図であった。

また、戦争中の兵士の生活は頻繁に描かれた[16]。従軍している兵士たちが夜営でくつろいでいる姿は、遠く離れた戦場でも変わらず生活している同胞、あるいは従軍している家族をイメージさせる。戦場での日常を描いた絵が多く描かれ、掲載されたことは、従軍している兵士が一般社会からかけ離れた存在として認識されていたのではないことを示している。読者にとって親近感を持って捉えられるものをメディア側は良く示していた。

普墺戦争では、従軍した各国の軍隊の状況の紹介や、進軍する軍隊の状況に関する報告は多いにもかかわらず、プロイセン側にせよオーストリア側にせよ敗戦に関する報道はかなり控えめである。逆に進軍する軍隊の行進は、敵のものであるにせよ味方のものであるにせよ、市民によって歓迎されている状況が描かれている。

こうした図像のなかで特徴的なのは、対峙しているプロイセン軍であれ、オーストリア軍であれ敵というイメージの流布がほとんどない事実である。兵士は招集されてはいるが、そこで描かれているのは獰猛な戦士としての姿ではなく、普通の市民生活を送っている人々が戦争に参加しているというイメージである。戦場と家庭を繋ぐ軍事郵便の発達が進んでいることが報じられ、そして『陸と海』では「戦場からの通信」と名づけられた戦時ニュースが雑誌上に連載されていた。こうした連載はあくまで戦場と家庭の結びつき、そして普通の人が戦争に参加していたことを前提としていたといえよう[17]。

戦傷者の描写にも、敵意のなさは現れていた。赤十字の活動はこのころ本格化していたが、後方に移送され、収容施設で治療される人々はみな丁寧に扱われ、そこには戦場での悲惨な負傷のイメージや死を直接的に連想するものは徹底して避けられている。重度の負傷を追った人物が描かれることがない点も、この点で一貫していた[18]。決して読者に不安を持たせるような絵は掲載されることはなかった。

戦場を描いた図もまた、パターン化されていた。パノラマで描かれた戦場の絵は、勇ましい突撃、歩兵部隊、砲兵の並びあった一斉射撃の図と一種独特の緊張感と、迫力はあるものの形式として固定化されたやり方があったことを見るものに感じさせるものである。とはいえ、戦争報道で興味深いことは戦後戦争の勝敗を決定づけた決戦場に関する報道が、ほぼ同時期に繰り返し行われていることである。一八六六年七月三日に行われたケーニヒグレーツの戦いはまさにその例である。[19]戦争の勝敗が最終的に決していない状況においても既にこの戦いは注目されていたし、戦後は基本的に戦争中での情報に沿ってより詳しい決戦場の詳述が行われていた。

（二）「憎悪」のない戦場

『ライプツィヒ絵入り新聞』でも、プロイセン、オーストリアともに敵対的意識は徹底的に排除されて描かれている。ここでは、オーストリア軍とともにプロイセンと戦ったザクセンであったにもかかわらず、敵への憎悪を感じさせる描写は皆無である。当初の報道はもっぱらオーストリア軍とザクセン軍の動向を中心に報道していた。[20]その後、紙面上では、オーストリア、ザクセン軍中心の報道からプロイセン軍中心の報道への変化がおこるが、それは六月三〇日号からである。[21]プロイセン軍のライプツィヒ入場が一九日にあったことがこの視点の変化をもたらしたが、その後もオーストリア軍、ザクセン軍の同行や負傷者の動きについては報道が続けられていた。普墺戦争は、一八六六年六月一五日に開戦し、その後七月二六日に仮講和条約、八月二三日プラハの講和会議が行われ、比較的短期間に戦争が終結している。

普墺戦争では、誰に対しても憎しみをむき出しにした描写というものはほとんど描かれていない。それは外敵であったイタリアとの戦いにおいても同じであった。普墺戦争は、主にプロイセンとオーストリアとのドイツ統一をめぐる戦争であったが、この両国の対立に際してプロイセンと結び、オーストリアと戦ったのがイタリアであった。『ライプツィヒ絵入り新聞』の場合、プロイセンに直接的な非難の矛先を向けにくい関係上、対イタリア戦争の報道は比較的はっきりした印象を読者に与えるような報道がなされていた。クストッツァの戦いなどで数において劣勢なオーストリア軍が勝利を収めたことを好意的に描かれている(22)。

また、イタリアとの戦争にたいしてチロル地方の郷土防衛隊や民兵が戦闘に加わっている姿は特徴的である。特に郷土防衛隊は、服装はバラバラ、猟銃などの貧弱な装備が描かれた(23)（図1）。郷土防衛隊の服装も、山岳地域に住む人々の普段の服装として描かれていた。都市部に住んでいる人々が武装し、最新の装備と統一された軍服を着て従軍するという図式はここにはない。チロルの郷土防衛隊員は、牧歌的、農村的民兵として温かみをもって描かれ、おなじドイツ民族の同胞として認識されていた。チロルの郷土防衛隊がイタリアでの戦闘で勝利する様子は、外敵の侵略に普通の人々が立ち上がるという姿で描かれ、防衛の側面が強調された(24)。ただし、この絵の中にも、侵略者であるイタリアに対する憎悪や軽蔑は表現されてはいない。

図1　ブレンナー峠の南の村でのチロルの郷土防衛隊の警戒

戦争自体に憎しみが感じられず、戦争自体に熱狂が欠けていた状況からすると、戦争終結後の勝利をたたえる雰囲気は対照的である。勝者であるプロイセンの戦勝パレードや、各地での戦勝を記念する碑の建築、そして戦争の勝利を祝う人々を描く様は、この絵が掲載されていた雑誌の発行元が、はじめからプロイセン側について戦っていた地域にあったものであるかのような錯覚を覚える。この戦勝のお祭りムードもまた、ブランデンブルク門での勝利のパレードのように中心となる勝利を記念する建築物を中心に軍隊が整然と並び、規律正しく行進するという図式が用いられた。こうした凱旋門を中心とした軍の整列という図式は、例えば凱旋門がなくともそれに代わる構図上の建築物、たとえば極端な場合には風車を代わりにしてでも、こうしたパレードの構図が描かれることになった。(25)

普墺戦争は、同じドイツ民族が殺しあう戦争として、ドイツに住んでいた人々にとって好意的に受け止められていなかった戦争であったが、それは図像の中からも垣間見られる。オーストリアとプロイセンというドイツ民族の国家が殺しあう状況は、兄弟戦争との別名のようにある種の戸惑いと嫌悪でもって受け止められていたという指摘である。普墺戦争に関する図像は深刻な戦争の悲惨さを描いたものはほとんどない。戦争の期間が短かったことと、敵意がさほど強く出てこなかったところから見ても、普墺戦争は国民を巻き込んだ戦争であるとはいえなかった。(26)明確な形で、敵意がはっきりと現れ、市民を戦いに駆り立てるようなイメージが作られるには、より明確な外敵のイメージが必要であった。そしてその相手は強力な過去の歴史的イメージと結びついた外敵でなければならなかったのである。

三　独仏戦争（一八七〇〜七一年）における『ライプツィヒ絵入り新聞』

一八七〇年に始まった独仏戦争が、普墺戦争とは大きく異なる性格を持っていたことは良く知られている。独仏戦争は一八七〇年七月一五日にフランス政府がエムス電報事件の挑発に乗り、宣戦をしたことに始まった。もっぱらプロイセン軍を中心としたドイツ連邦軍は、ナポレオン三世のフランス正規軍と独仏国境周辺で戦争を繰り広げたが、グラーベロッテやヴィルトなど、各地の戦闘はほとんどドイツ軍が勝利を収め、ドイツ国境沿いの戦闘からフランス国内へと戦いは移っていった。独仏の正規軍同士の戦いは、一八七〇年九月一日にセダンの戦いでナポレオン三世の軍隊が包囲されたことにより、二ヶ月もたたずに一つの結末を迎えることになった。フランス皇帝ナポレオン三世はセダンで降伏し第二帝政は消滅することになったが、その後、ティエールを首班とするフランス第三共和制政府は、ドイツとの戦争を継続した。フランス軍の正規軍のほとんどはセダンやメッツで包囲されもはやドイツ軍と戦うことができなかったために、当時のフランスの国防大臣ガンベッタは義勇兵を招集して戦った。正規軍同士の戦いでは、迅速な勝利を達成することのできたドイツ軍も、この新たなフランス義勇兵の登場によって苦戦を強いられることになった。ドイツ軍はパリを包囲し、各地でガンベッタの軍隊と戦った。この戦いが八ヶ月と戦争期間のほとんどを占めた。九月以降、ドイツ側にとってもフランス側にとっても戦況は目覚ましい動きを見せなかったが、翌年三月一八年から二八日までには、パリ・コミューンがフランスで蜂起し、独仏両軍ともに講和へと向かった。例えば、開戦からセダンの勝利にいたる時期の戦況報道は、ほぼ年内の間華々しい勝利の報道に彩られていたが、年明けの一八七一年には戦場での膠着状態が明らかとなり、その後五月一〇日フランクフルト講和条約にいたるまで戦況に関する報道が続くことになった。

(二)「敵」としてのフランス兵

フランス兵は、ドイツ兵が戦争で対峙する明確な「敵」であったが、どのようなイメージで見られていたのだろうか。まず、開戦以前にフランス軍は、近代的で強力な装備を誇る敵として見られていた。軍の状況、装備などは徹底して詳しく紹介されていたが、近代的な装備を誇る強力な敵として描かれていた[27](図2)。その姿は、『ライプツィヒ絵入り新聞』のなかでも頻繁に確認することができる。その一方で、フランス兵は、非常にステレオタイプなイメージのなかでも描かれた。全体的な戦況がドイツ側に有利に進むなかで現実のフランス兵は戦

図2　ミトライユーズ機関砲

場では勇敢に戦った。しかし、『ライプツィヒ絵入り新聞』を初めとした雑誌メディアの図像ではフランスの兵や将校は一般に自堕落で臆病者の敵として描かれることが多かった[28]。戦場でドイツ軍に対峙して、敗れて逃げていくフランス兵の絵は頻繁に描かれた。また、フランス軍の降伏の際は、フランス軍兵士は恐怖の表情を浮かべ、打ち沈んだ兵士、あるいは、敗戦に嫌気がさして酒に溺れ、軍規が十分に守られていないものとして描かれた[29]。

　このフランス兵の姿は、ドイツ兵の描かれ方と対比するとその差は一目瞭然である。ドイツ兵は規律正しく、勇猛果敢で、死を恐れずに戦いに突き進んでいく姿が主体であった。総体としてフランス兵とドイツ兵とはまったく反対のイメージで描かれた。このような図式は、普墺戦争ではまったく見られなかったものである。逃げるフランス兵、降伏したフランス兵、自堕落なフランス兵というイメージが、この戦争で描かれるフランスの正規軍の姿であった。この規律無きフランス軍というイメージは、ナポレオン三世の軍に対してドイツ市民が持っていた一般的イメージの反映につながることになる。フランク・ベッカーはドイツの市民そして兵士が持っていたフランス兵のイメージを指摘している。[30]ベッカーによれば、一般にドイツ兵は、フランス兵のことを金で雇われた傭兵に過ぎないと考え、それに比して、一般市民のなかから一般兵役義務で徴兵されたドイツ兵は、高い教養と自立的な意志を持つものと考えていたのであり、雇われもののフランス兵は、ドイツ兵からすると人形でしかなく、自立した人間としては見なされない軽蔑されるべき存在であった。ドイツの市民は、自分たちが教養ある自立した自己意識で戦争に参加していると考えていたのだという指摘である。[31]ドイツの市民は、自由主義の立場においては職業軍人に対して批判的であったといわれるが、自由主義的な考えを持つ市民にとって兵役は義務であり、金のためだけに戦場へ出向くフランス兵に対してはなかば軽蔑的な感情が表現されることも多かったことを述べておかなければならない。

（二）異民族としての敵

フランス軍の兵士にとどまらず、その将校もまた自らが先頭に立って勇敢に戦うという姿ではなく、「トルコ兵」や「ツァーブ兵」[32]を率いていて戦う姿で描かれた。ナポレオン戦争時代の精強なフランス兵というイメージは消え去ったかのようであった。

これに対し、トルコ兵、あるいはツァーブ兵と呼ばれる植民地で招集された兵士に対する描かれ方はまったく異なる。こうした兵士たちは当初猛々しい兵士として描かれていた。特にドイツ国境周辺での戦場でドイツ兵が戦っている直接的な敵として描かれていたのは、このトルコ兵、ツァーブ兵であった。国境線での戦いの敵として描かれた「異民族」は、一般的なフランス兵に対するものとはまったく異なった「他者」のイメージをドイツ側のメディアにもたらしている。[33]

一方で、このような異民族出身のフランス人傭兵は「フランス文明」によってもたらされた者とみなされた。他国の侵略のためなら異民族までを戦場に駆り出すフランスに対し、ドイツ側は自らを守らなくてはならない。

図3　八月九日のベルリン東駅へのフランス兵捕虜の到着

この自己正当化の原理もまた、戦争当初、戦況がどのように推移するかわからないころに頻繁に描かれた。また、この外敵に対してドイツ側が戦うのは、市民からなる郷土防衛隊であった(34)。

トルコ兵、ツァーブ兵に関する先行研究は、敵の顔、偏見の側面からの分析が中心になされている(35)。ただし、この異民族の敵は、この独仏戦争に関していえば、その後の第一次世界大戦で見られたような憎しみに満ちた敵としてだけ描かれていたわけではない。興味深いことに、プロパガンダで徹底的に憎悪の対象となるような描かれ方もされていなかった。

たとえば、ドイツ兵との戦いで捕虜になったトルコ兵、ツァーブ兵はまとめて列車で連行され、ドイツ各地で一般の前を通ることになった(36)（図３）。戦場での恐ろしい敵は、一転して興味と関心の的になる。各地を移動する捕虜として描かれるのは、白人のフランス兵と並んでこうした異民族の兵士たちであった。また、トルコ兵やツァーブ兵が、単に見世物として引き回されるだけでなく、捕虜としてはドイツ各地で歓待される姿も描かれている。この戦場での描写との落差は、フランス文明の束縛から抜け出し、無害

図4　ヴァイセンブルクでのトルコ、ツァーブ兵とのバイエルン歩兵の戦い

となった「異質な敵」として扱われる。敵対イメージから解放された結果、敵ではなく、親近感と滑稽さをもって描かれたのである。(37)

こうした異民族の敵にたいする描写は、ドイツの地の戦いが行われている時期に盛んに描かれた(38)（図4）。ドイツ国境沿いでは危機感を煽るためか、郷土防衛隊が戦っている敵の絵としてフランス人ではなく、トルコ、ツァーブ兵が中心に描かれることになった。しかし、戦闘がフランス国内に移った後は、敵の姿でこうした異民族の姿はさほど目立たなくなっていく。そして戦後は、こうした異民族の兵士についての叙述は大幅に数を減らしていくのである。

(三) 義勇兵

ナポレオン三世が指揮下のフランス軍とともにセダンで降伏し、フランス第二帝政は崩壊した。その後、アドルフ・ティエールが首班となり、国防政府が樹立され、ドイツとの戦いが継続されることになった。フランスの正規軍のほとんどが降伏、あるいは包囲されている状況であったため、国防政府のレオン・ガンベッタは国民に総動員令を発布し、義勇兵を召集した。これ以後の戦いは輝かしい勝利の描写は控えめとなり、パリ前面で繰り返されるプロイセン軍と抵抗するフランス軍守備隊の戦いの描写が目立つようになる。

ドイツ軍が対峙する相手は、正規軍中心のフランス軍から義勇兵へと変わっていく。ドイツの市民は、自分たちを自発的に国家のために立ち上がったものであると見なしていたが、この立場からするとフランスの義勇兵もまたほとんど同じ立場から戦いに立ち上がったことになる。当然、敵であるフランス義勇兵に対し、ドイツの市民が寄せた反応は冷たく、あくまで敵としてドイツ兵とは、まったく違った視点で描かれることになった(39)。この点でドイツ兵は、フランスの兵士とはっきりと区別される必要がある。ドイツ兵が敵よりもより優れているものとしてその教養と、道徳的観点が強調される傾向が強かった。当時、ドイツでの識字率の高さは、ヨーロッパでもかなり高い水準にあり、ドイツ兵はこのことに誇りを持っていたし、また市民から徴兵された兵士もまた自らの教養水準の高さと敵のそれとを比較して、自分たちの知的優位を確信していたのである(40)。しかし、フランスの義勇兵はこうした理想化された兵士と比較され、取るに足りない教養しか持っていない存在と見なされていた。ベッカーによれば、この知的水準における優位こそ、フランス文明に対するドイツ文化の優位性を証明するものとして受け入れられていたのである(41)。

教養あるドイツ兵という姿は、残念ながら図像の中ではほとんど表現されることはなかったが、もう一方の道徳的側面という視点ではドイツ兵の敵対者としての義勇兵の卑劣さは大いに強調された。フランスの義勇兵は、忌むべき卑怯者としての描写がなされていたが、正規軍同士のパノラマ画の手法を用いることが困難であったため、描かれ方もまた異なった形をとることになった。たとえば、野戦郵便(42)を襲撃する図は義勇兵がゲリラ戦法を取ることでドイツ軍の正規軍に損害を与えている状況を描いている。ただし、この義勇兵が攻撃している相手は、前線と後方をつなぐ連絡線であり、戦場での郵便配達員であった。ドイツ側から見れば、非戦闘員であった人々を軍服を着用せずに、しかも後ろから攻撃するやり方を描くことは、効果的に不正規戦闘の卑劣さを描く方法で

図5　義勇兵による野戦郵便への攻撃

あった(43)（図5）。

四　イメージの連続性と断絶

普墺戦争と独仏戦争というドイツ統一戦争の報道上の最も大きな違いは、敵に対する意識の違いであった。普墺戦争では、同一民族同士の戦いということでお互いに対する憎悪はほとんどなく、淡々と事実のみを伝えていく傾向が強かったのに対し、独仏戦争では、まったく反対にフランス文明からの侵略に対し防衛し、また、ドイツの様々な面での優位性を強調するという側面が如実に表れてきていた。しかし、この二つの戦争には多くの共通点も存在する。

(一) 市民との親近性

まず、第一に挙げられるのは、様式化された「よき家庭人」としての軍人というイメージである(44)。ドイツ側の軍人に関していえば、どの軍人に関して見ても基本的には自愛に満ち、たくましい立派な成年男性として描かれている。軍人として戦場に向かう人物は、家庭を持ち、妻と子をもつ姿で描かれることも多く、さらには駅などで別れを惜しむ姿が描かれた点は共通している[45]。軍人である夫を見送る妻と子の姿、そして子供との別離は、どの絵を見ても温かみがあり、別れを惜しむ親族としての情というものが感じられるように描かれている[46]。

また、宿営している兵士と宿営地近くの家庭を描いた絵では、軍服に身をやつした男の前を子供たちが兵士の行進の真似をしている[47]（図６）。部屋の奥では、女性が家事を行っているが、この男は子供たちに戦場での英雄譚を聞かせ、その話を喜んで聞いた子供たちが軍人のまねをしている姿のようにも見える。こうした戦場という仕事場へ出向く男と、家庭に留まる妻と子というイメージの組み合わせは、この時期に戦争を描く際によく用いられた。

一般社会に属していた人物が戦争によって故郷から離れ、戦場に向かう像というのは頻繁に見ることのできる図柄である。こうした姿は、戦争に関する描写で類似のかたちをとるが、具体例としてデュッセルドルフでのプロイセンの郷土防衛軍の人々の別れをここでは挙げてみよう[48]（図７）。ここで戦場に向かう兵士たちは、戦場で苦楽をともにする仲間達との団欒の様子や、戦場へ出征していく兵士と家族との別離が描かれた。ここには、家庭的な、和やかで親近感のある人物しか描かれていない。近代的な殺戮の場に乗り出していく際に、ステレオタイプな形をとるとはいえ、近代的、合理的なものを中心に描くのではなく、身近で親しみやすい、そしてどことなく温かみのある図像が好まれていたことをはっきりと示している。

ここには、戦場へ出向いていく軍人の姿というものが、よき家庭人、公的生活においても健全な生活を営んでいる人物と同様の意味で描かれることとなる。市民としての軍人の姿は、日常生活から戦場への出発、戦場での日常生活のなかで表現されていた。こうした表現は、この戦争にとどまるものではなく、戦争に関するメディア報道のなかでかなり共通性があるものでもある。兵士自身が描いた自分たちの姿はこうした戦場における「普通の人」としてのイメージを彷彿とさせる。

図6　東フリジアの農村でのプロイセンの宿営

図7　デュッセルドルフにおけるプロイセン第17歩兵連隊の出発

図8　ヘッッセン第八歩兵連隊によるヴェルトにおける機関銃の鹵獲

戦場での市民出身の兵士（郷土防衛隊）は勇敢で男らしく、また近代的な兵器に対し勝利を収める力を持つ人物としても描かれた。その姿は、機関銃や大砲を鹵獲するように英雄的な兵士としての姿と、軍隊内の秩序に従って勇敢に行動する人物に分けられる[49]（図8）。戦場での戦利品はドイツ本国で一般市民の目に供されることとなった[50]。

戦場でも戦闘ばかりでなく生活が頻繁に描かれた。兵士が戦場への出発し、戦闘の中を生き残り、戦場で生活し、その後に故郷に帰郷するという一連の流れがこうした生活描写の中にあったのである[51]。一般の従軍している兵士によって描かれた戦場での生活を示す絵も掲載されたが、殺伐とした戦場での生活をイメージさせるのではなく戦場での日常の生活が中心となった。戦場での生活は、特に独仏戦争において戦況の展開が著しくない時期に頻繁に描かれた。このような絵は、故郷にいる家族にとって戦場での生活を想像させるのどかともいえるイメージのものがほとんどである。

（二）公的な戦争叙述との接近

公的な領域と私的な領域を結びつける上で、戦争の勝利は決定的な役割を果たした。国民国家の建設という偉業は、一人一人の市民によってなされたものであり、具体的なかたちを持ったものによって顕彰される必要性が出てくる。各地に立てられた記念碑、慰霊碑に関する報道は頻繁に行われ、ドイツ国民による戦争の勝利と結び付けられた。過去の歴史的勝利は現在と。連続性のあるものとなり、その過去の栄光と現在の栄光は今や国民となったドイツの市民と直接結びついた。過去の勝利の例は、敵・味方すら問うことはなかった。フランスの凱旋門のように他国の勝利の影響を形どったものでさえ、あたかも独仏戦争の勝利を印象づける媒体となったのである。(52)

図9　1870年のための鉄十字勲章

また、栄光を顕彰する手段は大きなモニュメントである記念碑に留まらず、個々人をも対象にしていた。その最も明確な例が勲章である。記念碑が国家全体のモニュメントであるならば、勲章は戦争の勝利に貢献した個人にたいする記念碑であった。独仏戦争の興味ぶかい特徴は、ドイツ側で既に勝利を前提とした自国の軍隊の姿がイメージされていたということである。例えば、メディアの中で、一八七〇年戦役の勲章として開戦前に戦功に受章されるものとして、広く宣伝がなされていた(53)（図9）。この戦争はメディアにとって二つの意味で宣伝対象として国民の関心を引くものとして認識されていたかを示している。一つに勲章が授与されるのは軍人であるが、この軍人は職業軍人としての軍人だけでなく、一般市民から徴兵された軍人においても与えられる勲章であった。つまり宣伝されていた勲章は、今回の戦争の戦果に与えられるべきものであり、従軍し戦争に参加する国民全体に対して示されたものであった。勲章は、従軍したものすべてに与えられるものではなかったが、だからこそその価値は高かった。メディアは輝かしい勝利を報道し、さまざまな形でこうした勝利のあり方を宣伝したが、多くの読者に勝利の栄光を伝え、共感を持って受け入れられるために記念碑や勲章といったものは一定の役割を果たすことになったのである。戦争の勝利という事業への参加は魅力的なものであり、記念碑や勲章はドイツ統一戦争への熱狂を醸成していくうえの小道具となった。[54]

これに対して、戦場での味方の悲惨な状況についての報道は行われなかった。戦場における負傷の報道がなされることがあっても、それはあくまで回復が前提の傷であった。こうした負傷者は丁重に扱われ、清潔な病院で看護されている姿が描かれていたのである。[55]戦場での味方の死者もまた描かれることは稀で、描かれることがあっても顔が見えないようにか、まったく目立たないように描かれた。描写の中では人の死の描写は敵の兵士に限定されるように慎重に避けられていたのである。[56]

おわりに

独仏戦争は、国民国家成立を確実なものとし、しかも明確な敵を設定した特徴的な戦争であった。この戦争が重要な意味を持つものとのイメージは、すでに開戦以前より印象づけがなされていた。戦争開戦から間もない時点で、すでに報道のなかでは独仏戦争との見出しが踊っていたし、戦争が開始され、それぞれの戦場での勝利が明らかになっていく過程において、すでに歴史を形作ろうとする動きが始まっていたことである。

『ライプツィヒ絵入り新聞』は、独仏戦争中の一八七一年一月に独仏戦争史に関する連載を始めている。まさに戦争が行われているその最中に歴史としての戦争が形作られようとしていたのである。この時点での戦争に関する叙述は、プロイセン軍がどのようにして勝利を達成していったかを、部隊の移動や、軍の進軍を戦場の地図とともに解説していくやり方がとられた。戦場での決戦もしくは、敵、味方が使用した軍事技術にも注目され、報道された情報が歴史として描かれていた。報道から歴史への転換、広く一般に伝えられるようなイメージの形成において、雑誌メディアの役割は大きな役割を果たしたのである。情報によって毎回報道されていく内容が、そのまま読者にとっては情報から歴史となっていくのである。勝利の栄光はかくしてこの単純な情報の蓄積に意味を与え、花を添えていくことになる。現実には、プロイセン軍は、フランス国内で必ずしも栄光に満ちた勝利を挙げていたのではなく、逆に各地の義勇軍、遊撃軍相手に思うような戦果を挙げることができない状況も存在した。しかし、戦争期間のほとんどを占めたこの苦戦は強い印象を残すことなく、栄光ある勝利が独仏戦争の歴史の中で形成されるにいたった[57]。

戦争に関する私的な叙述や、回想録のたぐいは、高級軍人などによって数多く出版され、戦争の後に「ドイツ統一戦争」へのイメージを強化したが、こうしたなかでも戦役についての直接的な戦争叙述が数多く含まれていた。また、従軍していた一般の兵士にとって、こうした公の出版物のなかで自分の意見を述べる機会はほとんどなかったにもかかわらず、戦場からの帰国後は「英雄」として戦場、戦闘の描写、前線での生活を語ることも多かったと思われる[58]。しかし勝利の中で個人的な戦争体験が悲惨な戦場での体験としてドイツ統一戦争においてあまり声高に語られることがなかったのは注目に値する。

このひとつの理由としては、戦争への全般的な親近感が既に戦争の中で作られていたことが重要である。独仏戦争での勝利は、同じ「ドイツ人」同士が勝利の喜びを共有する場となった。ドイツ人同士が戦いあった普墺戦争は過去の話となり、いまやフランスが共通の敵となったのである。戦争はドイツ国民にとって無関係なものではなくなり、親しみある人々と戦争の勝利という共通の目的を追求する場となった。近代的なテクノロジーをもち、より進んだ国家であったフランスの文明に対し、教養豊かで人間味あふれる市民が立ち上がり戦っていくというイメージが統一戦争において形成されたのである。『ライプツィヒ絵入り新聞』で見た戦争のイメージ像は、親和性を持った戦争の肯定の一つの例である(59)。

［註］

（1）Wolfram Wette（Hrsg.）, Militarismus in Deutschland 1871-1945, Münster 1999.

（2）Jacob Vogel, Nationen im Gleichschritt : der Kult der "Nation in Waffen" in Deutschland und Frankreich, 1871-1914, Göttingen 1997, 近年のドイツ軍国主義研究の動向については、丸畠宏太「下からの軍国主義と軍国主義論の展開――ドイツにおける近年の研究から」『西洋史学』第二二六号、二〇〇七年、一二八〜一四一頁。

（3）Vogel, Der „Folkloremilitarismus" und seine zeitgenössische Kritik-Deutschland und Frankreich 1871-1914, in Wolfram Wette（Hrsg.）, Militarismus in Deutschland 1871-1945, Münster 1999, S.279.

（4）Frank Becker, Strammstehen vor der Obrigkeit? Bürgerliche Wahrnehmung der Einigungskriege und Militarismus im Deutschen Kaiserreich, in: Historische Zeitschrift 277（2003）, H.1, S.112-113.

（5）ドイツにおける軍事史研究の拠点として、現在でも数多くの研究グループが同時並行的に機能しており、そのなかでも「戦争経験」をめぐる研究報告、出版は数多く行われている。Der Arbeitskreis Militärgeschichte e. V., portal-militaergeschichte.de, 鈴木直志「新しい軍事史の彼方へ?――テュービンゲン大学特別研究領域「戦争経験」」『戦略研究』第五号、二〇〇七年、二四七〜二六一頁。

（6）Becker, Bilder von Krieg und Nation. Die Einigungskriege in der Bürgerlichen Öffentlichkeit Deutschlands 1864-1913, München, 2001.

（7）Illustrirte Zeitung. Wochentliche Nachrichten über alle Ereignisse, Zustände und Persönlichkeiten der Gegenwart über Tagesgeschichte, öffentliches und gesellschaftliches Leben, Wissenschaft und Kunst, Handel Industrie, Musik, Theater und Moden, hg.v. I. I. Weber, Leipzig.

（8）Werner Faulstich, Medienwandel im Industrie-und Massenzeitalter, 1830-1900, Göttingen, 2004, S.36.

（9）　大井知範「一九世紀中葉のドイツにおける『ライプツィヒ絵入り新聞』の登場とその意義――ノヴァラ号の世界周航（1857―59）に関する報道を事例として」『政治学研究論集』第二二号、二〇〇五年、一七一～一九〇頁。

（10）　Über Land und Meer. Allgemeine illustrirte Zeitung, Hrsg von Friedrich Wilhelm Hacklander, Stuttgart.

（11）　Die Gartenlaube. Illustrirtes Familienblatt, Hrsg von Ernst Keil, Leipzig.

（12）　Fujitani Takashi、吉見俊哉訳「近代日本における群衆と天皇のページェント――視覚的支配に関する若干の考察（天皇制の深層）」『思想』第七九七号、一九九〇年一一月、一四八～一六四頁。

（13）　Becker, Synthetischer Militarismus. Die Einigungskriege und der Stellenwert des Militarischen in der deutschen Gesellschaft, in: Michael Epkenhans/Gerhard P. Gros（hg.）, Das Militar und der Aufbruch in die Moderne 1860 bis 1890. Armeen, Marinen und der Wandel von Politik, Gesellschaft und Wirtschaft in Europa, den USA sowie Japan, München 2003, S.125-141.この「ジンテーゼ軍国主義」は、「調整的軍国主義」とも訳される。

（14）　Stephan Oettermann, The Panorama. History of a Mass Medium, New York 1997.

（15）　構図を元に図像を描写するやり方は、この時期写真でも行なわれた。

（16）　Illustrirte Zeitung, No. 1201. 7. Juli 1866, ebenda, No.1202 14. Juli 1866.

（17）　Illustrirte Zeitungでは、戦場での図像が毎週必ず誌上に連載され、Bilder von Kriegschauplatzの中で連載されていた。戦場での生活や戦場に向かう兵士たちと一般市民が多く取り上げられていた。

（18）　Illustrirte Zeitung, No. 1204, 28. Juli 1866, No. 1205, 4 August 1866.

（19）　ebenda, No.1215, 13 Oktober 1866, No.17. 27 Oktober 1866.

（20）　ebenda, No.1198, 16. Juni 1866, No.1199. 23. Juni 1866.

（21）　ebenda, No.1200, 30. Juni 1866.

（22）　ebenda, No. 1207, 18. August 1866（ウィーンにおけるクストッツァの戦いの戦勝パレード）, No.1208. 25. August 1866（リッサ海戦におけるオーストリア海軍フェルディナント・マックスによるイタリア戦艦ディタリアの撃破）.

（23）　ebenda No. 1210, 8. September 1866（ブレンナー峠の南の村でのチロルの郷土防衛隊の警戒）, No.1211. 15. September 1866（トリエントにおけるチロルの守備兵）.

（24）　ebenda, No.1213. 29.September 1866（待ち伏せするチロルの郷土防衛隊）.

（25）ebenda, No. 1214, 6. Oktober 1866, No. 1215, 13 Oktober 1866.

（26）ドイツ（オーストリア）とイタリアとの戦争の記念本は出版されている。ebenda, No. 1219, 10. November 1866 (Gedenkbuch an den Feldzug von 1866 in Deutschland und Italien).

（27）ebenda, No.1414, 6. August 1870（フランス軍、ミトライユーズ機関砲）.

（28）ebenda, No.1421, 24. September 1870（八月一六日シュトラスブルク側のイルキルヒの遭遇戦でのバーデン歩兵によるフランス軍野砲の鹵獲）, No.1426, 29. Oktober 1870（八月一八日サンプリヴァでの戦いにおけるプロイセン近衛）.

（29）ebenda, No.1425, 22. Oktober 1870（八月三〇日のBeaumontにおけるフランス軍陣地の降伏）, ebenda, No.1427, 5. November 1870（九月二八日の降伏以降に要塞を出るストラスブルクの守備兵）, No.1429, 19. November 1870（セダンの戦い――セダンの戦いにおけるフランス軍の最後のとき）.

（30）Becker, Bilder von Krieg und Nation, S. 194-200.

（31）ebenda.

（32）ツアーブ兵（Zuaber）は、フランスのアフリカ出身の植民地兵。別にトルコ兵（Turkos）と呼ばれる傭兵も存在した。

（33）アフリカ出身の兵士に関してドイツ側がどのような認識を持っていたかという問題についても、独仏戦争はその発端となっている。ただし、本研究ではイメージの問題を偏見の観点に限定しているため、より柔軟な「親近感」への注目の度合いが足りないように思われる。Eberhardt Kettlitz, Afrikanische Soldaten aus deutscher Sicht seit 1871: Stereotype, Vorurteile, Feindbilder und Rassismus, Frankfurt am Main, 2007.

（34）Joseph Kürscher（Hrsg.）, Der große Krig 1870-1871 in Zeitberichten, Berlin, Leipzig, 1875, S.220.

（35）とりわけ市民層から見た場合に、人間性ではなく、野蛮性が強調されたとの指摘がある。Frank Becker, Fremde Soldaten in der Armee des Feindes, in: Christian Geulen,Anne von der Heiden,Burkhard Liebsch, Vom Sinn der Feindschaft, Berlin, 2002, S.167-181.

（36）Illustrirte Zeitung, No.1416, 20 August 1870（ベルリンへのフランス兵捕虜の到着）, No.1417, 27. August 1870（八月九日のベルリン東駅へのフランス兵捕虜の到着、八月一〇日のミュンヘン駅でのフランス兵捕虜）.

（37）Illustrirte Zeitungでは、こうした植民地出身の兵士たちへの親近感を持ったイメージは限定的であるが、『陸と海』においては、この異民族の兵士たちへの親近感と滑稽さを描写したものが多い。Illustrirte Zeitungが市民階級対象の媒体であったところの特徴が出ていると考えられる。

（38）Illustrirte Zeitung, No.1418, 3. September, 1870（ヴァイセンブルクでのトルコ、ツアーブ兵とのバイエルン歩兵の戦い）.

（39）Illustrirte Zeitung, No.1438, 21. Januar, 1871（義勇兵捕虜の移送）.

（40）Becker, Bilder von Krieg und Nation, S. 159-200.

（41）ebenda, S.194.

（42）Illustrirte Zeitung, No.1438, 21. Januar, 1871（ナンシーとエピナール間のドイツ郵便）.郵便は前線と銃後を結ぶ手段としてその役割の重要性が報じられていた。

（43）ebenda, No.1446, 18. März, 1871（ザクセンの野戦郵便の戦場生活から）.

（44）Becker, Bilder von Krieg und Nation, S. 462-464.

（45）Illustrirte Zeitung, No.1417, 27. August 1870（郷土防衛隊員の別れ）.

（46）Becker, Bilder von Krieg und Nation, Abbildung 1, 2, 3.

（47）Illustrirte Zeitung, No. 1419, 15. Dezember 1866（東フリジアの農村でのプロイセンの宿営）.

（48）ebenda, No.1416, 20. August 1870（ミュンヘンにおけるバイエルン郷土防衛隊の出発、デュッセルドルフにおけるプロイセン第一七歩兵連隊の出発）.

（49）ebenda, No. 1419, 10. September 1870（ヘッセン第八歩兵連隊による八月六日のヴェルトにおける機関銃の鹵獲、ヴェルトでの北ドイツ第九五歩兵連隊によるフランス騎兵連隊への迎撃など）.

（50）ebenda, No. 1441, 11. Februar 1871（ミュンヘンにおける義勇兵の野砲）.

（51）ebenda,No. 1431, 3. Dezember 1870（騎兵による生活絵）, No. 1432, 10. Dezember 1870（パリの兵営で）, No. 1434 24. Dezember 1870（戦場におけるクリスマス）

（52）ebenda, No. 1448, 1. April 1871（三月一日のパリへのドイツ軍の入場）.

（53）ebenda, No.1414, 6. August 1870（一八七〇年のための鉄十字勲章）.

（54）ebenda.

（55）ebenda, No. 1419, 10. September 1870（ザールブリュッケン駅での負傷者、ローデリヒ・ベネディクの家族画「郷土防衛隊兵士の帰還」）, No. 1450, 15. April 1871（三月二一日のベルリン・ポツダム駅での近衛郷土防衛隊の帰還）.

(56) ebenda,No. 1419, 10. September 1870（八月七日ザールゲミュントにおけるプロイセン軍によるフランス軍Douane将軍の埋葬），ただし敵方の一般兵士，植民地軍の兵士の死体については頻繁に描かれている（八月四日のヴァイセンブルク側のヴァイスブルク城への入場）など。

(57) ebenda, No. 1427, 5. November 1870（Gedenkbuch an den Deutsch-Französischen Feldzug von 1870）.

(58) ハインリヒ・マンは，『臣下』の中で退役軍人が一八九〇年代になっても自己の戦争体験を国民帝国の創生神話として美化して述べている状況を皮肉に満ちたタッチで描いている（Heinrich Mann, Der Untertan, 11., Auflage, Fischer Verlag, 2003）。

(59) この勝利の喜びを共有する中で形成されたドイツの軍国主義とは異なり，敗北の中で新しい軍事文化，ドイツとは違う軍国主義的傾向に傾斜したのがフランスである。独仏戦争での敗戦の責任を誰に問うのか，そして新しく国民統合のスローガンとなった「報復」から導き出されたフランスの軍国主義化は，フォークロア軍国主義の観点で再検討する必要があると思われる。独仏戦争の敗北の影響については，ヴォルフガング・シヴェルブシュ『敗北の文化―敗戦トラウマ，回復，再生』法政大学出版会，二〇〇七年が優れた俯瞰的叙述である。

歴史学の現場から

――16世紀フィレンツェの有力市民を巡る視点

柏渕直明

歴史知研究会は、史学を主戦場とする筆者にとって異種格闘技の場である。視野を広げ、多様なアプローチや観点を知るための研鑽の場なのである。そこで、本研究会一会員である筆者の研究活動を紹介することで、本研究会活動の一端を示したい。筆者は、フィレンツェの権力構造の変化に関心をもち、メディチ派の有力市民グイッチャルディーニ（一四八三―一五四〇）に焦点をあて、研究を進めてきた。当時のフィレンツェでは、一四九四年にメディチ家が追放された後、新たな政治体制導入を巡って、有力市民派と中小市民派とが対立し、一五三二年の同家による君主政樹立まで、政情が流動的であった。この時期に関する多くの研究は、政治史・政治思想史的関心に基づいてきた。しかし、有力市民層の定義は充分に検討されておらず、社会史のような政治史以外の手法も採用した研究は、14、15世紀に比べ少ない。それ故、当該期フィレンツェの分析には、政治史及び社会史の手法を採用した複合的なアプローチが求められ、筆者は、支配層である有力市民に注目したのである。

有力市民を具体的に検討するために、まず、グイッチャルディーニの思想を彼の友人マキアヴェッリと比較した。グイッチャルディーニの人脈の検討を通して、有力市民が、共和政理念を堅持しつつ、人脈を仲立ちに、実権を掌握する一方で、メディチ家との結びつきを強めざるを得なかったことを明らかにした。彼の思想については、本研究会の例会（二〇〇一年・二〇〇二年）と合宿（二〇〇二年）で報告した。そこで、史学に限らず、社会学、政治学、哲学、文学等様々な分野の研究者から意見を頂いた。これを踏まえたのが、「16世紀イタリアの『知』の一例」（『歴史知の未来性』二〇〇四年）である。その後、彼の人脈形成に関して、彼の「覚書」を主要史料として、親族・姻族関係と代父母関係を分析し、「16世紀前葉フィレンツェにおける有力市民の親族関係」（『比較都市史研究』二〇〇六年）と「16世紀前葉フィレンツェにおける有力市民の人的なネットワーク」（『文学研究論集』二〇〇八年）の2編の論文にまとめた。

今後、こうした権力構造の変化の検討を推進するために、有力市民層と見做す指標を明らかにし、より広範な事例を比較し、人脈を政情変化の中に位置づける必要があろう。そのために、『コンスルテ・エ・プラティケ』

〈諮問会議議事録〉や「トラッテ」〈公職被選出者名簿〉等の史料や家系研究に注目したい。この議事録によって、当時の支配層が重要懸案についていかに考えていたのかということを可視化でき、これらの史料の分析を通して、有力市民の政府への影響力を検証し、個々の有力市民の実態を明らかにしたい。

当時の欧州情勢とフィレンツェ政情、個人と時の政権、個人と家、個人と個人といった重層的な相互影響関係についてのアプローチは、本研究会創設者である石塚正英氏が、「歴史知と多様化史観」（『立正史学』二〇〇五年）で主張されているように、「二項対立をとらず、諸々の価値や概念を二項対立的往復運動の中に投げ込」み、「二項対立の〈交互的運動〉」に意味や価値を見出す「歴史知」の視座を援用した動態的な研究手法といえよう。

第4章　「体力」の時代と青少年の身体意識

清水　雅大

はじめに―問題の限定―

「十五年戦争」期は日本において「体力」がかつてなかったほど盛んに論じられ、それとともに様々な「体力」政策が実施された時期であることから、「『体力』の時代」とも呼ばれている（鹿野　二〇〇一）。「戦時社会政策」の一つの具体的施策としての「体力」政策は、軍事的観点から要請された「健兵健民」政策の中軸であり、そこではとりわけ兵士としての、あるいは近い将来の兵士としての男子青少年の「体力」が問題とされていた。

戦時期日本における体育言説や厚生行政については、従来の研究において様々な問題視角からの検討がなされてきた（入江　一九八六、藤野　一九九八、藤野　二〇〇〇、鹿野　二〇〇一、藤野　二〇〇三、森川　二〇〇四、高岡　二〇〇六a、高岡　二〇〇六b）。その中でこの時期の「体力」問題に関しては、「体力」言説の分析が進められるとともに、「体力」行政のあり方や「体力」政策の実施過程などが次第に明らかにされてきた。ただし、こうした諸言説・諸政策の中心に置かれていた青少年自身が一体どのような身体意識を持ってこれと対峙していたのか、という問題についてはこれまで十分に取り上げられてきたとは言い難い。しかしながら、「体力」の時代を多面的に理解するために、被対象者であった青少年自身に焦点を当て、その実相を明らかにすることは重要であると思われる。もちろん、彼らの身体意識が社会階層や地域、性、年齢、あるいはパーソナリティに応じて複雑多岐にわたり、問題の検討にあたってはそれら一つ一つを歴史的文脈に即して扱わねばならないことは言うまでもない。ただし、これは極めて膨大な作業を必要とし、本稿においては紙幅の関係および筆者の力量から、その対象と時期を限定して考察を行いたい。

そのための手がかりとして本稿では、当時は学校教育と並ぶ青少年の主要な身体訓練の場であった青少年団活動に着目する。[1]その際に取り上げる具体的な活動事例としては、一九三八年のヒトラー・ユーゲント（Hitler-Jugend. 以下、ＨＪと略記）との交流における日本側青少年の視線・評価である。それは次のような理由による。すなわち、総力戦体制構築へ向けた政治的圧力が漸次強化されていくなかで、青少年団指導層においてはＨＪをモデルとした青少年団再編（従来の諸団体の統合・一元化）の必要を主張する声が広がりを見せていた。[2]ただし、青少年団員たち自身のＨＪ団員および組織に対する評価は、とりわけ身体面での評価が重要な要素となっており、そこには彼らの身体意識の一端が反映されていると思われるからである。したがって、本稿で検討するのは、厚生省が設置されるにともない「体力」行政が本格的に始動した三八年の後半という時期の、男子青少年の事例である。

なお、その内容に関して様々な議論がある「体力」という概念について、本稿では戦時期における理解を基に議論を進めていく。ただし、戦時期における「体力」は、とりわけ軍においては総じて国防の観点から必要とされる資質として捉えられており、やはり非常な曖昧さをともなっている。だが、本稿では、まさにそうした「曖昧さ」こそが「体力」概念の重要な側面であると捉え、具体的な歴史的状況下での意味を考えていきたい（そのため、本来は「体力」と表記すべきであるが、以下では煩雑さを避けるために、特に必要な場合を除いて「　」を省略する）。

一　ＨＪとの体格比較を通じた日本青少年の身体意識

まずは一九三八年のＨＪとの交流事業（第一回日独青少年団交歓事業）における、日本青少年団員たちのＨＪ評価を確認するところから始めたい。この事業は、ドイツとの軍事的接近の如何が人々の大きな関心を引いた三八年の後半に、両国の青少年代表団（約三〇名）を相手国へ相互に派遣するという形で実施された。ドイツ側代表団はもちろん、ナチ体制下において公式には唯一の青少年組織であったＨＪの団員から構成されており[3]、Ｒ・シュルツェを団長として三〇名の幹部・団員（年齢構成は三十代前半三名、二十代後半一名、二十代前半六名、十代後半二〇名、すべて男子青少年）で組まれていた。ドイツ各地から挙げられた約六百名の選抜候補者の中から精神的、身体的に優秀とされ、組織の指導的地位に就きその活動実績が評価された者が選ばれた（中道　一九九九、九〇頁）。このＨＪ代表団は、三八年八月十六日から十一月十二日までの約三ヵ月間日本に滞在し、沖縄以外の全国各地を巡歴した。その間に「日本精神体得」の名目で各地の神社を見学したり、地域団体や学校・青少年団との交流が図られた。こうした活動の様子は新聞を中心とした国内メディアによって連日大々的に報道され、その影響もあってＨＪ団員や彼らとの交流に対する人々の関心は大いに高まった（佐藤　一九九八、五三―七〇頁）。ＨＪが訪れた地域ではどこでも様々な歓迎イベントが催され、「どんな田舎の町でも村でも」「凱旋将軍以上」の歓迎を受けたとの報告もなされている（鶴岡英吉「ヒットラー・ユーゲントを案内して」『体育と競技』一八巻一号、一九三九年、七七頁）。

当時、大部分の日本人にとって、この交流事業はＨＪと接触する初めての機会であった。もちろん青少年団員たちも例外ではなく、とりわけＨＪと直接的な交流の機会を得た者にとっては衝撃的な体験であった。彼らの多くがＨＪに「熱狂」した。人員の選抜から公の場での細かい立ち振る舞いまで徹底したドイツ側の演出もあって、人々の関心は総じてＨＪの外観――指導者の若さ、体格の良さ、立派な制服、完璧に統率のとれた団体行動――へ向けられたが、その中でも体格に対する驚きの心情は際立っていた。たとえば、八月十九日の富士登山に際しての歓迎野営に参加したある団員は、この時「人皆、興奮の絶頂」にあって、到着したＨＪの「見あげなければならぬほどの大きな体」に非常に驚いたことを述懐している（中道　一九九九、一〇七頁）。また、十月七日に伊勢神宮参拝のために三重県宇治山田市を訪れたＨＪを間近で目撃したある少年も、それから七〇年近く経てもなお、当時を回想して「とにかく体が大きいのに驚いた」と語る（『朝日新聞』二〇〇六年十二月八日、二六頁、「写真が語る戦争　ナチス青少年団、各地で大歓迎」）。こうしたエピソードは、ＨＪの体格が日本青少年にとっていかに衝撃的であったかを物語っている。

たしかに、彼らのＨＪに対する感想や印象は身体面に関するものに限られるわけではないが、ＨＪの体格に驚嘆する声が至る所で挙げられていたことから、少なからぬ青少年が同様の印象を抱いていたことは否定できない。このことは日本側訪独代表団の団員たちにも当てはまる。日本側代表団は三八年七月から九月にかけてドイツを訪れ、東プロイセンやオーストリアを含む様々な地域を巡歴し、十一月十二日に帰国した。代表団は文部大臣官房文書課長朝比奈朔太郎を団長とする幹部五名の他、帝国少年団協会、大日本少年団連盟、大日本連合青年団において推挙され、文部省が選抜した二五名の男子団員（年齢構成は二十代後半七名、二十代前半一三名、十代後半五名）で組まれていた（中道　一九九九、七七―八〇頁）。団員候補者の推薦基準は一律ではなかったが、たとえば大日本連合青年団の場合、「皇国青年の代表として堂々友邦独逸青年に伍し得る団員」、具体的には、二十五歳以下の「身体強健」で「思想堅実」な者、青年団活動において顕著な業績があり、「帰朝後其の体験を基礎として、青年団振興に寄与し得る」者などであった（大日本連合青年団「日独青少年団の交歓」『青年』二三巻四号、一九三八年、九九頁）。「模範青年」や「典型的日本青年」（「日独青少年団交歓代表者紹介」『青年』二三巻六号、一九三八年、一〇六―七頁）と評された代表団団員の職業は学生や小学校教師、農漁業、商工業など様々であり、選抜は全国から概ね均等になされている（日独青少年団交歓会「大日本青少年独逸派遣団団員名簿並日程概要」一九三八年、I. 1. 10. 0. 5）。

この交流事業から得られる示唆・教訓を全国的に広めたいとする日本側の政策的意図がここにも表れているが、当の青少年団員たちは、約三ヵ月のドイツ滞在を経て、どのような心情を抱き、何を教訓としたのだろうか。

交流事業終了から半年後に刊行された『訪独感想集』には、団員二五名中二一名の「率直なる感想」が綴られている（『訪独感想集』日独青少年団交歓会、一九三九年、序文、以下、引用に際しては団員名と頁数のみ記す）。従来の研究において指摘されているように、そこでは団員のほとんどがHJから得た教訓として、青少年団の統合・一元化の必要性を挙げている（中道 一九九一、八七―八九頁）。ただし、それと同様に彼らに深い印象を与えたのは、HJ団員の、ひいてはドイツ人の全体的な「体格の良さ」である。これは報告を寄せた団員二一名中、実に一〇数名の感想の中に見受けられ、体育への関心を含めると団員のほとんどがそうであった。彼らの感想の中で特徴的なものとしては、「ドイツ人の体格が立派で態度の堂々たることは一番関心に思ひうらやましかった」（稲富早苗、一八頁）、「今日では世界一の体格をもつ独逸国民として輝いている」（有働貫一、一二頁）などの称賛である。また、女子ユーゲントたちの「男にも勝る立派な体格」（有働貫一、一二頁）はさらなる衝撃を団員たちに与えた。彼らの感想や報告においてこうした言辞は枚挙にいとまがない。交流事業を通じて彼らが目にしたのはまさに「体育の国」ドイツ（篠崎秀夫、四〇頁）であった。

交流事業を通じた経験は、団員たちの中に、この「体育の国」に対する強烈な羨望を生み出した[4]。ただし、それは同時に、身体訓練の分野で対照的であると思われた日本の状況に対する落胆をともなっていた。たとえば、HJと「日本の眼鏡をかけた烏合の衆のような学生とは比べものにならない」（安達猛、一二頁）、日本の状況は「全く残念」（有働貫一、一二頁）、「一番最初に気づいた事は前述の通り日本青年の体格が貧弱だと言ふこと［……］その体格を比較する時、著しい差があることは否めない。［……］女子の体格の劣等な事に於ては、［……］雲泥の相違で悲観すべき状態にある」（広田耕助、一一四―五頁）、HJ幹部にいたっては「その体躯は［……］到底我々の及ぶものではない」（林正巳、四九頁）とまで言われている。

ナチス・ドイツにおける青少年の身体訓練やＨＪ活動の詳細については、すでに多く明らかにされており（原田　一九九九、平井　二〇〇一）、ここでは日本青少年たちにこれほどの驚きと羨望をもたらした「ＨＪの体格」についてのみ、簡単にではあるが確認しておきたい。全国青少年指導者Ｂ・シーラッハはＨＪ活動を通じて、青少年教育において身体訓練を最重要視するヒトラーの教育原則（Hitler, 1939, S. 451-455.）を忠実に体現していく。とりわけ三〇年代後半には、三五年の活動スローガンが「（肉体的）鍛錬の年」とされ、三六年からその後の数年の間に青少年スポーツにおけるＨＪの独占的活動が保証されることになり、男女ともに準軍事訓練としての体育がＨＪ活動の中心に置かれるようになった（Klönne, 2008, S. 26-27.）。ナチ世界観を完全に内面化し、かつ身体的能力が優れた者のみがＨＪ組織の中で指導的地位に就くことができるとされていたが、身体評価の基準には機能的側面のみならず、外観的な「美しさ」も含まれていた。そこでは古代ギリシア的な身体、すなわち全体的に発達した筋肉によって引き締まった身体、長身かつ身長に比して見劣りのしない四肢や胴周りの太さ、それによって非常に均整のとれた体型が理想的なモデルとされていた[5]。ＨＪはまさに、「男らしさ」のイメージへと結びつく「逞しさ」や「強さ」を想起させるこのような身体を体現するものとされ[6]、さらには国際青少年交流の舞台における徹底した演出によって、こうしたイメージが極端に強調されていたことは想像に難くない。

　たしかに、ＨＪ組織の指導的地位に就き、あるいは国際青少年交流の舞台に立つような青少年たちの身体的特徴としてこれらが重要な側面であることは疑いないが、もちろんすべてのドイツ青少年、あるいはすべてのＨＪがこのような美的規範を内面化していたり、それを体現するような体格であったわけではない。したがって、上述のような日本青少年によるＨＪ評価はその一面を過度に強調しているきらいがあることもまた確かである。しかしながら、たとえ日本青少年のＨＪ認識が演出によるイメージをそのまま受け入れたものであり、実態の一面を捉えたにすぎなかったとしても、ここで重要なのはむしろ彼らがＨＪをどのような存在として描いていたのか、すなわち彼らの心象としてのＨＪであり、そこから反作用的に生み出された自己認識（劣等感）である。

体格は身長や体重、四肢・胴周りの太さといった複数の指標を含み、それらの大小やバランスによって優劣が評価される。日本青少年の体格の長期的変動を見ると、平均身長の場合、明治末期から次第に増加、大正末期頃から上昇傾向はさらに増し、昭和十二年から十四年頃に最高に達し、その後急速に低下する（一九三一年には、壮丁の平均身長はすでに一六〇センチメートルに達している）。平均体重と平均胸囲についても、平均身長の推移と概ね同様の傾向を示しており（横堀　一九六八、六―一三頁、平均身長・平均体重については太田裕造・太田賀月恵　二〇〇七、五六―五九頁からも同様の傾向が確認される）、したがって、全体としてこの時期には、体格はむしろ「改善」傾向にあった。だが、こうした状況にもかかわらず、日本青少年たちはＨＪとの対比を通じて（さらにこれは厳密な数値比較によるものではない）、全体としての日本青少年の体格の「劣等」を断定している。後述するように、この時期の日本では身体の問題は多様な角度から捉えられ、そこから体格比較における優劣を相対化するような視点がすでに生まれていた。だが、青少年団員たちにおいてはなおも体格が身体評価の絶対的な基準となっており、それによって「劣等な身体」を「改善」しなければならないという意識が生じていたのである。

それでは、そうした「改善」はどのようにしてなされ得ると考えられていたのか。ここで再び『訪独感想集』の内容に立ち返ってみると、ドイツ青少年が「年々体位の向上している原因」として「国防体育」の実践が挙げられている（稲富早苗、一八頁）[7]。すなわち、軍事的要請に基づく社会政策としての身体訓練の実施が、従来の日本における身体訓練活動の抜本的な変革や意識改革へつながるとし、このような発想はドイツで全社会的に支持されていると思われたＨＪの訓練方法、それを可能にする組織形態への関心・羨望へと必然的に結びつくことになる。ドイツのように全国的かつ効率的な団体訓練を実施するためには、もちろん体育施設・設備の充実なども重視されていたが、何よりもまず組織機構の整備（青少年団の統合）が彼らにとって不可欠の前提であった。そして、「大衆的・徹底的」な体育（宗広力三、一四五頁）を通じて、「全部の者を同じ様な程度に引上げて行く」（栗原周作、三三五頁）ことが必要とされた。

従来の研究においては、ＨＪとの交流事業が取り上げられる際、主に日本の青少年団の統合・一元化の過程におけるその意義や影響などが問題とされてきた（中道　一九九一、上平・田中・中島　一九九六、大串　一九九九、中道　一九九九）。そもそもこの事業は、当初から青少年団の統合・一元化を後押しするという政策的意図の下に計画・実施され（熊谷　一九四二、四二三頁、山中　一九七四、二九〇頁）、派遣団員はすでに事前研修からそれに向けて「確実に洗脳され」ていたとも言われている（上平・田中・中島　一九九六、二七八頁）。ただし、このように団員たちの組織統合の主張自体は誘導されたものであったにせよ、その理由付けは個々の団員の任意によるものと考えられ、これこそが彼らの「率直なる感想」であったと言えるのではないか。そして、「我々がＨＪより学ばねばならぬ点は、［……］組織機構が極めて合理的に整備されている事に尽き［……］体育が盛であり、団体訓練が徹底している事等は以上の事があつて初めて可能なのであり、云はば如上の結果なのである」（柳橋伊右衛門、一六〇頁、傍点引用者）という発言から、青少年団員自身がなぜＨＪのような一元的組織の必要性を主張したのか、その内的な動機を読み取ることができよう。個々の団員たちにとって統合の意識的な原動力となったのは「立派な体格」への羨望（およびこれとコインの裏表の関係になっていた劣等感）であり、青少年団一元化は「体格改善」のための手段と考えられていたのである。

二　戦時期の体力政策・言説と体格比較の相対化

こうした日本青少年の身体意識（身体の自己評価）は、「体力」の時代という歴史的文脈においてどのように位置付けられるだろうか。この問題を検討するにあたって、本節ではまず戦時期の体力政策・言説の概要を、先行研究に依拠しながら見ていきたい。

「十五年戦争」期には体力増強政策が漸次強化されていくが、その起点は徴兵検査の不合格者増大を受けて陸

表　体力の構成要素

体力	身体的要素	行動体力	形態	体格
				姿勢
			機能	筋力
				敏捷性・スピード
				平衡性・協応性
				持久性
				柔軟性
		防衛体力	構造	器官・組織の構造
			機能	温度調節
				免疫
				適応
	精神的要素	行動体力		意志
				判断
				意欲
		防衛体力		精神的ストレスに対する抵抗力

（出典）加藤編著　1975、12頁。表の表示形式については著者が一部修正。

軍が「壮丁体位低下」問題を提起したこと（小泉親彦「国民体力ノ現状ニ就テ」『軍医団雑誌』二八四号、一九三七年）、また、その社会問題化を受けて三八年一月に政府が厚生省を新設したところにある。(8)「体力」の時代を象徴する厚生省設立構想は第一次近衛内閣の下で実現するが（鹿野　二〇〇一、六八―七二頁）、内務省のみならず、「国民体力」の「低下」問題を提起し、「衛生省」設立構想を有していた陸軍も体力行政に大きな関心を有していた。また、新省設置後、省内に体力局（四一年八月に人口局、四三年十一月に健民局へと改編）が設置され、これが体力行政を中心的に担うことになり（厚生省五十年史編集委員会編　一九八八、三四一―三頁、四四三―七頁）、その後の戦争拡大と、さらには陸軍の体力政策論を代表する陸軍省医務局長・陸軍軍医中将小泉親彦が厚相（四一年七月十八日～四四年七月二十二日）に就任したことで、「『人的戦力』の強化を至上命題とする『全体主義的』思想」としての「『体力』イデオロギー」が総力戦体制のイデオロギーとして台頭することになる（高岡　二〇〇六b、一七九―一八四頁）。体力行政は、四〇年四月八日に制定された国民体力法（同年九月二十六日施行）を基盤とした国民体力管理制度を中軸として展開された。同法第一条には「政府ハ国民体力ノ向上ヲ図ル為［……］国民ノ体力ヲ管理ス」、「管理トハ国民ノ体力ヲ検査シ其ノ向上ニ付指導其他必要ナル措置ヲ為ス」と定められ、陸海軍所属の学生生徒・現役兵士等を除く二十六歳未満の男子および二十歳未満の女子が管理対象とされた[9]。同時に、三九年から実施された体力章検定制度でもって、「あるべき体力」の標準が設定されることになった（高岡　二〇〇六b、一八六―一九九頁）。

こうした体力行政の展開にともなって、あらゆる階層の国民に「国民体力」向上のための意識改革が求められるようになった。厚生省体力局長佐々木芳遠は、三九年に「国民体力」向上の「第一要素」である各社会組織における指導者意識の根本的変革の重要性を説いている（佐々木芳遠「体力向上施設と指導者」『社会教育』一〇巻七号（一一九号）、一九三九年、六―七頁）。青少年組織も例外ではなく、小泉は三七年には「所謂一騎当千の国民を作る」ために「体力の増強」を（小泉親彦「青年団長に望む」『軍医団雑誌』二八七号、一九三七年、六〇三頁）、また、四一年に発足した大日本青少年団の副団長朝比奈も、徴兵検査不合格者の割合が増加したことを受けて、青少年の体力増強の必要性を訴えるようになっていた（朝比奈策太郎「体力の増強を図れ」『青年』二六巻七号、一九四一年、六六―六七頁）[10]。

なお、体力をどのようなものとして捉えるのかについては、戦後になっても諸論があるが（加藤編　一九七五、九―一〇頁）、これが体格や体型といった形態的要素を越えた、他の様々な要素を含む複合的な能力の総称であることは共通に理解されている。すなわち、運動能力のみならず、疾病や社会的ストレスへの抵抗力、自然環境への適応力なども含めた総合的・多面的能力であり（表参照）、その能力の大小の示され方もまた様々である（福田編　一九六八、一―二頁）。

「体力」や「国民体力」については、当初からその概念規定をめぐって議論がなされている（入江　一九八六、一七〇―一八〇頁）。ただし、文部省体育官小笠原道生が三八年の第一〇回日本医学会で「体力」を「国家が国家的必要に基いて国民に向かって要望する所の国民的資質」と述べ（日本科学史会編　一九六七、二四一頁）、東龍太郎が「国民体力」を「国家が要望する国民資質としての体力」と述べているように（東龍太郎「体力問題に於ける体育の立場」『体育と競技』一八巻五号、一九三九年、八頁)、それらは国家・軍が求める「人的資源」の内容に規定されるものであった。

小泉は体力を「三つの因子―形態的、機能的、精神的―の総合能力」と捉えていたが、その検査方法は「生体測尺をやつて見たり、血液を見たり呼吸を計つたり、諸臓器機能の検査を実施しても、それは決して体力を測ることにはならない」と言う。ただし、「今次事変に於て古今無比偉大なる戦果を挙げた」理由は「御大稜威の下将兵の精神と肉との力」であり、「此の精神的能力なるものは国家として明らかにして置く必要がある」と述べる小泉が、体力の形態的要素(体格)のみならず、それ以外の要素も重視していたことは明らかである(小泉親彦「公衆衛生に就て」『軍医団雑誌』三三九号、一九四〇年、一二三八―一二四二頁)。

こうした体力言説において興味深いのは、その欧米との比較である。小泉は三六年の貴族院での報告において、日本の壮丁の体力が、特に形態(体格)や機能(活動力・作業能力)の面において、欧米と比較して低水準にあることを述べている(小泉「国民体力ノ現状ニ就テ」九九―一一三頁)。体力言説においても、軍務に適さない「筋骨薄弱者」、身長に比して胸囲の前後径が短い「都会型」体格の矯正・減少が問題視されていた(高岡 二〇〇六b、一八〇頁、一八四―五頁)。したがって、「体力」や「国民体力」という観点から日本人の身体が論じられる際にも、依然として欧米との比較を通じた、「今日の時局」において「望ましくない」体格の改善が国家的課題とされていたのである(古屋 一九四一)。

しかしながら、このような「体力向上」が問題化される中で、もはや体格の「改善」だけが問題解決の方法とは見なされなくなっていた。陸軍戸山学校教官・陸軍省兵務局陸軍中佐村岡安は、小泉と同様の体力理解に基づきながら「軍事上要求する体力」として精神訓練(「旺盛なる攻撃精神、敢闘精神等」の醸成)を強調し、「我々日本民族の体力と西洋人の体力を比較して特に劣りますものは形態でありますが、之は簡単に向上し得るものではありません。従つて体力に於て彼等を凌駕しようとせば錬成によつて比較的容易に向上し得る精神力と運動能力の凌駕を図る事が適当と思ひます。斯かる点よりするも精神教育を大いに重複しなければなりません」と述べている（村岡安「戦争と体育」『体育日本』二一巻一号、一九四三年、一七頁）。こうして、総力戦体制下においては体格以外の「精神力と運動能力」の向上に力点を置いた政策が展開されることになる（高岡　二〇〇六b、一八六頁）。また、先の小泉報告では、機能面での比較において「斯カル悲観スベキ現状ニ於テ只一ツ持久力ハ外国人ニ比シテ遥ニ強大デアリマス。例ヘバ短距離競走ニ於テハ英、仏ノ戦闘兵タルニ要スル規格ニ対シ不合格ナル者ハ三割四分アリマスルガ、長距離競走ニ於キマシテハ一割トナリ、血液成分亦欧米人ノ及ビモ得ザル優良性ヲ有ツテ居ル」と述べられ、さらに「此ノ優良特質ハ皇国臣民天賦ノ禀質デアツテ、大ニ世界ニ誇ルベキモノ」と言われているように、生活環境、とりわけ食生活・栄養面に由来する日本人独自の「優良特質」も認識され始めていた（小泉「国民体力ノ現状ニ就テ」一一三頁）。

　こうして体格は体力を形成する一つの形態的要素として位置付けられ、その意味で体格比較における優劣は相対化されていたと言えよう。このような時期にＨＪとの交流事業が実施されたのであるが、そのＨＪに対しても体力比較による評価がなされていることに注意したい。交流事業では通訳としてＨＪ代表団に同行した外務省調査部第二課嘱託真鍋良一は、事業終了後に提出した報告書の中で次のような感想を述べている。まず、「ＨＪハ実ニ立派デアル、アノ堂々タル体躯ヲ見ヨ、眼鏡ヲカケタモノガ一人モイナイ、一番小サイ者デスラ一米七〇位ハ優ニアル」とその外見を称賛しているが、「併シ彼ラノ体力ト言フカ、肉体的抵抗力ト言フカ此ノ点ハ吾ガ日本青年ハ断ジテ負ケテヰナイト思ツタ［……］日本人ノ方ガ小サイ乍ラ実ニ頑健、ＨＪハ［……］カナク見エタ」（傍点引用者）と述べている（外務省調査部第二課「ヒトラー・ユーゲント覚エ書キ」（真鍋）調二　四二号、一九三八年、一一四頁、I.1.10.0.4）。

　この真鍋報告に見られるような、体力比較による日独青少年の身体的評価は、青少年団員たちのそれとは全く対照的である。青少年団員たちの場合は、真鍋報告のような体力という観点からの評価はまず見られない。もちろん、体力の観点から比較評価したところで、必ずしも日本青少年がＨＪよりも客観的に優れていると言えるわけではない（前述のように、この時期には欧米との比較での「体力の低下」が問題とされていた）。だが、一見矛盾するようであるがこうした視点からの比較評価は、ＨＪに対してさえ、真鍋報告に見られるような身体的評価を析出し得るという可能性を有しており、体力比較のこうした側面にこそ注意を向ける必要がある。

おわりに―結論的考察―

第一節で見た青少年団員たちの体格比較によるＨＪ評価は、それまでの日本において一般的になされていた、西洋人に対する身体的評価と質を同じくするものである。明治期以降、西洋人との直接的・間接的な接触の機会の増大とともに、両者の身体を比較する動きも見られるようになるが、そこではやはり体格比較が主要な方法であった。そして、そこから導き出されたものは、欧米人に対する「体格コンプレックス」であり、体位向上を目的とした「人種改良論」などであった（鹿野　二〇〇一、二四―三三頁）。西洋人の身体をモデルとして、身体（体格）面でも欧米人に追いつかねばならないとする考えは、「脱亜入欧」思想の身体面での表現であったと言えよう。

ヨーロッパとの比較を通じて日本人の身体を分析したドイツ人研究者シュトラッツは、一九〇二年の著書のなかで次のように述べている。日本人の身体は「黄色の皮膚、大きな頭、両性とも短かい脚により、［……］ヨーロッパ的な美の標準から除外されてしまっている」と（Stratz, 1925. 邦訳　七九頁）。シュトラッツは「日本人の身体」に多数の独自の美点を認めつつも、ヨーロッパとの比較における身体の差異は、あくまで「人種」が前提となっている。身体の形態の差異は「人種」に由来するという考えは、もちろんシュトラッツに限られるものではない[11]。だが、そうした形態の差異、そしてそれがもたらす身体の優劣が「人種」に基づくと考えるならば、「日本人」が「西洋人」のような身体を得ることは不可能となり、体格で「劣る」日本人の身体的劣等感が払拭されることはなく、日本人の身体が西洋人のそれよりも全体として劣っているという意識が、漠然とした形であれ広く日本人の意識のなかに根付くことになる。従来の体格比較は、このような意識的作用をもたらすものでもあった。

他方、体格をその一つとして、その他にも様々な指標を用いての評価がなされる体力は、日本人の身体的な「優秀性」、あるいは西洋人の身体の相対化という意識への回路を開く可能性を有している。体力の構成要素として精神的な要素が含まれるのであれば、なおさらそうであった。このような新たな身体比較の方法としての体力比較がもたらし得た意識的作用は、従来の体格比較によるそれとは明確に異なっている。体力概念自体は日本固有のものではないことは言うまでもない。しかしながら、このような体力比較がなされる場合、日本における体力概念は、歴史的な状況下において独自の意味を持ち得るものであった。

三〇年代以降、特に対外路線の転換にともなって英米との対決姿勢が顕著となる三〇年代後半から四〇年代前半にかけては、欧米勢力を排し、日本がアジアの盟主たらんとするプロパガンダとともに、日本政府・軍部は中国をはじめアジアでの勢力圏拡大に邁進していく（江口　一九七八）。体力政策は主として戦場での軍務を優位に展開することや、「結核対策」をはじめその他の流行病や感染症の「予防」などを目的とするものであったが、それだけではなく、体力比較（がもたらす身体意識）は身体面での劣等感の払拭、優越感の醸成に寄与し、それは戦争拡大とともに影響力を増した欧米列強の排除を通じたアジアの解放というイデオロギーに適合するものでもあった。

だが、体力政策・言説、そしてそのなかの体力比較の中心に置かれた青少年たちはどうであっただろうか。彼らが広くこうした視点を内面化していたのかどうかは、交流事業におけるＨＪ評価から見る限り疑問が残る。もちろん、青少年の身体意識＝体格比較、権力側の言説＝体力比較というふうに単純に対置してしまうこともまた問題であろう。それらは青少年の意識下においても複雑に絡まり合い、状況や場面に応じて揺れ動くものであったはずである。とはいえ、青少年たちの意識の中には「体力」の時代においてもなお、西洋人の身体＝優秀／日本人の身体＝劣等という図式をもたらす体格比較の観点が根強く残っていたことは否定できない。このことは身体をめぐる権力側の言説と日常感覚的な意識との間に大きなずれが存在していたということだけでなく、この時代特有の意識的な対抗関係がそこに存在していたのではないかという問題へつながる。

戦時期の体力に関する「科学的」な議論や認識は、現在の一般的な体力理解の出発点として捉えられ、同時に、当時の青少年たちが抱いていた素朴な身体感覚も、なお人々の間で一般に広く共有され得るものであろう。とはいえ、「戦後」における日本をとりまく国際関係、経済や社会の変化とともに、身体に関する言説もそれ以前とは異なる歴史的な状況下において展開され、同時に、生活環境や価値観などの変化にともなって人々の身体意識も大きく変化してきた。そのため、身体をめぐる言説と人々の日常感覚の関係性もまた、戦時期のそれから変化せざるを得ず、それぞれの時代的な枠組みの中で捉えていく必要があるだろう。本稿での議論をそのための一つの問題提起としたい。

［註］

（1）三四年に設立された帝国少年団協会に代表されるような学校少年団や、それ以後の国民学校―少年団の一体化状況にも見られるように、戦時下において両者の関係は緊密化していく（寺崎・戦時下教育研究会編　一九八七、二〇二―七頁）。

（2）青少年団指導者層の言説においては三〇年代中頃からＨＪに対する好意的な見解が広がりを見せ、三八年の交流事業が実施される頃には全国的な「ドイツ・ブーム的な状況」（岩村　二〇〇五年、四三頁）のなか、ＨＪに対する肯定的な論調はピークに達する。たとえば、大日本少年団連盟理事長であった二荒芳徳は、三四年にはイデオロギーに染まった単なる「少年ナチス」と評していたが（二荒　一九三四年、一一頁）、三八年になると「将来ある若き国民とは、その国の健全なる精神と体躯とを有する男女青少年」であり、ＨＪがその「一つのよき実物教訓」であり、「羨望に値する大組織」

であると明言している（二荒・大日方　一九三八、序一―二頁、六―八頁）。

（3）なお、男子年長組織ＨＪの加盟者数は、三二年末に五万五三六五人、三三年末に五六万八二八八人、三四年末に七八万六千人、三五年末に八二万九三六一人、三六年末に一一六万八七三四人、三七年末に一二三万七〇七八人、三八年末に一六六万三三〇五人、三九年初めには一七二万三八八六人であった（Noakes, Pridham(eds.). 2000. p. 227.）。

（4）これは比較的若い年齢層の団員のみならず、「何人も目に映ずるものは男女青少年の体格の優秀」であり、これを「羨ましい状況」と述べる団長の朝比奈にも見受けられる（朝比奈策太郎「友邦ドイツに使して」『社会教育』一〇巻一号（一一三号）、一九三九年、一〇―一一頁）。

（5）ナチズムにおけるこうした身体の理想像は、とりわけ絵画や彫刻などの芸術作品において表象されている（関　一九九二、一〇九―一四三頁参照）。

（6）「逞しさ」は「筋肉が発達していて力強くて頼もしいこと」、「強さ」は「相手、困難、障害などに打ち勝つすぐれた能力がある様子をさす。したがって、逞しくて強い男性というのは、男性のなかにあっても羨望の的となる男性」であり、そこでは「頭脳・能力という潜在的な要素は、あくまでも二次的・副次的なことである」（松浪・荒木　一九九五、二五頁）。

（7）稲富は他の報告でも「優れた彼等の体格」を賛美すると同時に、日本人の「体位低下」を悲嘆し、その処方策としてＨＪの訓練や組織体系を紹介している（稲富早苗「ドイツ青少年の教育と訓練」『少年保護』四巻二号、一九三九年、二五―三〇頁）。安達も他の報告で同様の趣旨を述べるとともに、経済的格差に関らず日本の青少年が「打つて一丸となり目標達成に邁進することを強く訴えている（安達猛「ドイツ青少年団員と暮して　ドイツ派遣青少年団員の手記（一）」『少年保護』四巻三号、一九三九年、六四―七一頁）。

（8）ただし、徴兵検査結果における不合格者増大の要因は、その審査基準が繰り上げられたことにあり、この頃の壮丁男子の平均身長・体重が実際に低下していたことを意味しない。むしろ、日中戦争開始の頃までは増加傾向にあり、減少傾向に転じたのは三九年度以降とされる。それにも関わらず、国民の「体位低下」が叫ばれたのは、「都市化・工業化・高学歴化といった社会的変化の中で、国民の身体・精神の状態が全体として陸軍の求めるあり方から遠ざかりつつあるという危機意識」のゆえであった（高岡　二〇〇六b、一八〇―一頁）。

（9）国民体力法関係法規（国民体力法、同法施行令、同法施行規則）については、新井（一九四二）、一二三―一四四頁参照。また、この他に当時の体力検査方法を紹介したものとしては、吉田（一九四三）、草間・堀内（一九四三）などが存する。

(10)なお、四一年の一月十六日に大日本青年団、大日本連合女子青年団、大日本少年団連盟、帝国少年団協会の四団体の統合による大日本青少年団が発足する。その「本旨」が「皇国ノ道ニ則リ男女青少年ニ対シ団体的実践的鍛錬ヲ施シ、共励切磋不抜ノ国民的性格ヲ錬成」するとされているように、青少年団一元化は体力政策の全国的な展開にも適合するものであった(文部省訓令第二号「大日本青少年団ニ関スル件」一九四一年三月十四日、石川 一九六四、五〇九―五一一頁)。

(11)このことは、戦後の研究においても、「体格」は「その人種によって固有な限界があって無制限に大きくなるものではないという常識論が多い」と指摘されていることにも窺える(横堀 一九六八、二四頁)。

史料・参考文献(史料は本文・註に明記したものを除く)

新井英夫(一九四二)『改正国民体力法による体力検査指針』南山堂書店
石川謙(一九六四)『近代日本教育制度史料』第七巻、講談社
入江克己(一九八六)『日本ファシズム下の体育思想』不昧堂
岩村正史(二〇〇五)『戦前日本人の対ドイツ意識』慶応義塾大学出版会
上平泰博・田中治彦・中島純(一九九六)『少年団の歴史』萌文社
江口圭一(一九七八)「一九三〇年代論」同編『体系・日本現代史』第一巻、日本評論社
大串隆吉(一九九九)『青年団と国際交流の歴史』有信堂
太田裕造・太田賀月恵(二〇〇七)『データによる日本人の体格体型』大学教育出版
外務省記録「各国少年団及青年団関係雑件」第一巻、第二巻(I. 1. 10. 0. 4)
　「本邦少年団及青年団関係雑件」(I. 1. 10. 0. 5)
加藤橘夫編著(一九七五)『体力科学から見た健康問題』杏林書院
鹿野政直(二〇〇一)『健康観にみる近代』朝日新聞社
草間良男・堀内一彌(一九四三)『身体検査の意義とその方法』鳳鳴堂書店
熊谷辰治朗(一九四二)『大日本青年団史』(日本青年館発行(一九八九)『復刻版 大日本青年団史』不二出版)
厚生省五十年史編集委員会編(一九八八)『厚生省五十年史』記述篇、厚生問題研究会

佐藤卓己（一九九八）「ヒトラー・ユーゲントの来日イベント」津金澤聰廣・有山輝雄編著『戦時期日本のメディア・イベント』世界思想社
関楠生（一九九二）『ヒトラーと退廃芸術』河出書房新社
高岡裕之（二〇〇六ａ）「戦時動員と福祉国家」倉沢愛子他編『アジア・太平洋戦争』第三巻、岩波書店
――（二〇〇六ｂ）「戦争と『体力』」阿部恒久・大日方純夫・天野正子編『男性史』第二巻、日本経済評論社
寺崎昌男・戦時下教育研究会編（一九八七）『総力戦体制と教育』東京大学出版会
中道寿一（一九九一）『ヒトラー・ユーゲントがやってきた』南窓社
――（一九九九）『君はヒトラー・ユーゲントを見たか？』南窓社
日本科学史会編（一九六七）『日本科学技術史体系』第二五巻、第一法規出版
原田一美（一九九九）『ナチ独裁下の子どもたち』講談社
平井正（二〇〇一）『ヒトラー・ユーゲント』中央公論新社
藤野豊（一九九八）『日本ファシズムと優生思想』かもがわ出版
――（二〇〇〇）『強制された健康』吉川弘文館
――（二〇〇三）『厚生省の誕生』かもがわ出版
二荒芳徳（一九三四）『ナチス独逸の青少年運動』民衆文庫　第八十六篇、社会教育協会
二荒芳徳・大日方勝（一九三八）『ヒットラーと青年』成美堂
古屋芳雄（一九四一）『体力管理と体力検査』龍吟社
松浪健四郎・荒木祐治（一九九五）『身体観の研究（新版）』専修大学出版局
森川貞夫（二〇〇四）「十五年戦争と国民の『体力』」『十五年戦争と日本の医学医療研究会会誌』四巻二号
山中恒（一九七四）『ボクラ小国民』辺境社
横堀栄（一九六八）「日本人の体格の過去と現在」福田邦三編『日本人の体力』杏林書院
吉田章信（一九四三）『体力測定』藤井書店
Adolf Hitler (1939). *Mein Kampf*. Bd. 2. München.

Arno Klönne (2008), *Jugend im Dritten Reich. Die Hitlerjugend und ihre Gegner*, Köln.

J. Noakes, G. Pridham(eds.) (2000), *NAZISM 1919-1945*, Vol. 2, University of Exeter Press.

C. H. Stratz, (1925 [1902]), *Die Körperformen der Japaner in Kunst und Leben*, Stuttgart.（C・H・シュトラッツ（一九五四）『日本人のからだ』高山洋吉訳、岩崎書店）

「知の連合」をめぐる言葉

小畑嘉丈

歴史知研究会ＨＰの「哲歴社自工産芸語文の諸領域において「歴史知」としての知の連合を試みる研究会」という表明と、会を結成した石塚正英の「音の感性文化論的解釈」（『社会思想史の窓』第１５６号）を合わせ読むと、歴史知研究会は西周の「百学連環」から何らかのインスピレーションを成立したと推測することができる。そこで、ここでは西を手がかりにコラムを書いてみたい。

数年前、西についての興味深い史料が出版された。桑木厳翼『日本哲学の黎明期』（書肆心水）である。同書中に「今日啓蒙という語を用いる者は、何人もこれがドイツ語のアウフクレールング、英語のエンライトゥンメント或はイルミネーションに相当することを知って居る。しかしてこれらの独英語には従前旧習一洗或は開明その他の訳語があったが、古来の熟字たる啓蒙という語をこれに当て嵌めたのは私の記憶が誤りでないならば、実に大西祝博士の創意によるものである」とあるのは看過できない。これまで、大西（１８６４―１９００）より年長の西（１８２９―１８９７）が代表的な明治啓蒙思想家と捉えられてきたからだ。更に、西が生前刊行した数少ない著書の中に『致知啓蒙』がある。厳翼は前掲書においてこれに言及しているので、その存在を知らなかったわけではない。これはどういうことなのか。

『致知啓蒙』を調べてみると、本文に「啓蒙」の語が用いられていないことが分かる。「啓蒙」という題名は作品の成立過程で入り込んできたもので、当初の構想にはなかった。「啓蒙」の用例が無いのは、代表作とされてきた『百一新論』や「人生三宝説」も同じである。西に関する最新の研究書である菅原光『西周の政治思想』（２００９ぺりかん社）も、明六社の思想を「啓蒙」というキーワードで捉えるようになったのは大西以降と指摘している。西自身が「啓蒙」という言葉を積極的に用いて議論を展開していたのではない。

同様の問題が、第27回例会で発表した三宅雪嶺（１８６０―１９４５）にもあり、こちらの方が事情は深刻である。彼は「国粋保存」を掲げる政教社同人であったに関わらず、恐らくはあえて「国粋」の語を用いていない。代表作とされてきた『真善美日本人』にその用例はない。従来雪嶺の「国粋」観を論じる際に参照されてきた「余輩国粋主義を唱道する豈偶然ならんや」は無署名論説であり、掲載誌『日本人』の社説と捉えるのが妥当である。しかも、この論説における国粋の定義は同人の菊池熊太郎がそれ以前に定義したものをそのまま引用したものである。中野目徹が『書生と官員』(2002 汲古書院) で同論説を菊池のものと推定しているのはこのためであろう。そこまで踏み込むかどうかは議論が分かれそうだが、少なくとも同論説を以て雪嶺の「国粋」観とするのは慎むべきである。

では、「啓蒙」でない西、「国粋」でない雪嶺を、彼ら自身の言葉で語るとすれば、どんな言葉が相応しいだろう。一語に絞るのは難しいが、雪嶺の「渾一」、或いは西の「百学連環」や「百教一致」といったキーワードに共通するのは学の統一への意欲であり、それは「知の連合」を試みる歴史知研究会の姿勢にも通ずるものである。

第5章　フロムと歴史知
――『愛するということ』におけるケア概念の構成を中心に

米田　祐介

序

〝母なるもの〟の観念は、いつの時代もユートピアへのまなざしを約束する。本稿は、ヨハン・ヤコブ・バッハオーフェンの『母権論』から多大なる影響を受けた社会心理学者・エーリッヒ・フロム（Erich Fromm 1900―1980）のテクストを歴史知的視座から読解することにより、ケア概念の構成を目指すものである。ここでいう「歴史知」とは、感性と理性、前近代と近代、非合理と合理といった二項対立からではなく、もろもろの概念の意味を重層的・関係論的に捉える研究視座である[1]。

筆者は、歴史知的視座をこのような意味で捉え、一九八〇年代以降膨大な蓄積があるケアの倫理の議論に存する次のような問題に注目したい。すなわち、ケアを女性的なものとして固定的に表象することによって招く女性抑圧である。これを〈隘路〉と呼んでおこう。本稿では、主としてフロムの『愛するということ』（一九五六年）の読解を通じてケア概念を構成し、〈隘路〉への応答可能性を提示することを課題にすえる。

さて、ケアリングについてまとめられた単行本は一九七一年に出版されたミルトン・メイヤロフの『ケアの本質』がはじめてであろう。いわば、メイヤロフはケアリング論の先駆者といいうるのであるが、同書のなかでは、デューイやマルセル、ロジャーズらとともに「とりわけ負うところが多かった」論者としてフロムの名が挙げられ、また訳者による「解題」によれば、フロムの『愛するということ』に「魅力を感じた読者は、この書物に大きな感銘を受けるであろう」とある。[2] このようにフロムの思想はケアリングと親和的なのであるが、しかし、『愛するということ』はともすれば本質主義が濃厚だ。〈隘路〉とは、言い換えるならば、ケアの倫理に潜む本質主義的な側面に対するフェミニズムからのラディカルな批判なのであるが、ところでフロムの思想にはフェミニストとしてのパースペクティヴはなかったのだろうか。否、ダグラス・ケルナーは次のように述べている。「エーリッヒ・フロムは、フランクフルト学派のメンバーのなかでも、ジェンダーや男女の差異をめぐる問題の理論化に真剣に取り組んだ数少ない一人である。ある仕方で、フロムは、ある種のフェミニズム的マルクス主義やジェンダーの社会的に構成された本性に関するポスト構造主義的な分析を生み出す最近の試みを先取りしていたといいうる。……フロムはジェンダーと性的な差異についての問いを提起した最初の批判理論の理論家であり、現代社会における家族、家父長制、そして女性の抑圧についての理論をつくりだすうえでたくさんの重要な貢献をおこなった人物なのだ」と。[3] そしてわが国では、清眞人が「フロイトを父権主義的と批判してバッハオーフェンの母権論を高く評価し、フェミニスト精神分析学の先駆けとなる面をもつ」とフロムを紹介しているが、[4] しかるにフェミニズム／ジェンダー論のパースペクティヴをもつ思想家としてのフロム像はあまり知られていない。

このようなフロム像を切り落とすならば、フロムの『愛するということ』につらなる彼の思想史的含意を見落としてしまう危険性が伴うだろう。そこで本稿ではまず、一九三〇年代における初期フロムの思想的水脈からとりわけケルナーの議論・批評に即して通観することによって、彼のフェミニズム／ジェンダー論のパースペクティヴを確認することから始めてみたい。

一では、フランクフルト社会研究所（以下、社会研究所）での批判理論でフロムが意図した大枠のプログラムである「分析的社会心理学の方法と課題」（三二年）を点検し、ついで、「母権理論の社会心理学的意義」（三四年）の検討に光をあて批判理論とフェミニズムとの関係を確認する。そして二において、「性別と性格」（四三年）といったあまり知られていないフロムの論考をとりあげそのジェンダー論のパースペクティヴを検討し、最後に、三において「男性と女性」（五一年）をとりあげたのち、初期「男性的創造」（三三年）へと立ち返り、それらを踏まえ『愛するということ』（五六年）に言及することによって〈隘路〉への一つの応答可能性を提出する。それではまず、社会研究所時代の議論から離陸してみよう。

一　フェミニズムの視座——〝母なるもの〟の発見と父権社会の相対性

社会研究所における批判理論の顕著な相貌のひとつはマルクスとフロイトとの総合にあり、それは伝統的なマルクス主義によって無視されてきた心理と社会との間の媒介理論を生みだすことにあった。徳永恂は次のように述べている。「戦後のフランクフルト学派の中軸を形成していたのがホルクハイマーとアドルノの強固な結びつきだったとすると、三〇年代中葉までの研究所の仕事の中心は、ホルクハイマーとフロムの連携だったとさえ言えるのではなかろうか」と。[5] それはとりもなおさず、フロムの初期社会心理学説（分析的社会心理学）に結実をみることができる。『社会研究誌』の巻頭をかざったフロムの「分析的社会心理学の方法と課題」（三二年）からその企ての輪郭をみてみよう。のちにフロムはフロイト理論を放棄するが、この期において彼は忠実にフロイトに従っている。だが、のちのフロム思想の文脈をつかむうえでも極めて貴重な論文である。この期におけるフロムにとっての精神分析学とは、本能的な衝動と欲求を人間の行動の動機的な力として分析する唯物論的な心理学である。それは基礎的な本能の目録をつくり出し、時として人間の行動をコントロールする無意識的な力やメカニズムを解剖すると同時に、また人間の生において特別な経験がいかにして本能組織に影響を与えるかを分析する。フロムのいう分析的社会心理学とは、「集団の本能の構造、およびそのリビドー的で大部分は無意識的であるような行動を、集団のおかれた社会—経済的状況と関連づけながら理解しようとする」ものなのである。[6]

するとフロムのいう分析的社会心理学とは、「集団はその根ざしている社会構造により条件づけられている（たとえば父親と息子との情緒的な結びつきは、ブルジョワ家父長制社会における家族と、母権制社会における家族の場合とでまるで違う)。家族は子どもに対し、したがってまた大人に対しても社会ないし社会階級が刻印を押す媒体なのである。要するに、家族は社会の心理的代替物」であるから、[7]家族と社会化の過程の分析はいかに社会がその階級構造を再生産し、そのイデオロギーと実践を個人の上に押しつけるか、を指示することができる。フロムはまた、どのようにして社会―経済的な利害と構造がイデオロギーへと変換されるのかということ、同様に、いかにイデオロギーが人間の思考と振る舞いを形づくり影響を与えるかということを説明するのに精神分析学が役立ちうることを示す。マルクスとフロイトとの融合は、心理と社会とが相互に交渉し相互的に形づくりあう際の諸媒介についての分析を提供することによって、唯物論的な社会理論を測りがたく豊かにするはずなのだ。[8]先述のようにフロムはのちにフロイト理論を放棄するが、このような個人の心理と社会構造とのはざまで作動する重層的な力へのまなざしは、彼のうちで後期まで一貫して約束される分析枠組みである。

さて、「母権理論の社会心理学的意義」(三四年)の検討に入っていきたいが、徳永は初期フロムの思想的発展と同論文の位置づけを次のように行っている。「それは三つの『離反』によって特徴づけられるように思われる。第一は、キリスト教からのフロイトを介しての離反であり、第二は、フロイトからのマルクスを介しての離反であり、第三は、そのことの帰結としてのフランクフルト学派からの離反である」。この図式の性格づけの正否については留保するも、いずれにせよ同論文は「『マルクスを介してのフロイトからの離反』という脱出の第二段階の端緒をな〔す〕」。「マルクスを媒介にして、権威問題が社会的場面に移されると、かつてキリスト教の権威の発生根拠を暴露する手がかりとなったフロイトのエディプス・コンプレックス論そのものが、新しい別の権威の再生産基盤であることが明らかとな〔り〕」、いわば、フロムはバッハオーフェンから受容した〝母なるもの〟をマルクスに投影する形でフロイトから離反していくのである。「おそらくバッハオーフェンの『母権論』は、フロイトが無意識的に前提していた……父中心的感情構造に基づく支配―服従関係を打破する対抗イメージとして、フロムの前に浮かびあがってきたのであろう。それはフロムにとって、フロイト理論の持つ社会的制約性に対する開眼であり、また同時に、それまで自明の価値として信仰してきたフロイト理論からの理論的離陸を意味した」のであった(9)。

それではこのようなことを確認したうえで、具体的にフェミニズムとの関係で同論文の検討にはいりたい。フロムは、同論文でいかにバッハオーフェンの研究が保守的な思想家たちに劣らずエンゲルスやベーベルのような社会主義の思想家によっても、ともに高く評価されてきたかを指摘し、母権制の理論の保守的な解釈を批判したのち、彼はそれが進歩的な思考によって評価されうるものであることを示唆する。フロムによれば、なによりもバッハオーフェンは、いかに女性の本性が社会的な実践から発展してきたか、とりわけ、どのようにして母親としての活動が女性に結びついた一定の養育的で母性的な性格特徴を生みだすかについての洞察を提供するのである。ケルナーによれば、それはマザーリング（mothering）についてのチョドロウをはじめとするフェミニスト理論に先駆けるものであるという(10)。

フロムは、母権制についての分析のなかで、女性の肯定的な性質と父権制の否定的な性質を強調し、このことによってフェミニスト理論と批判理論との架橋を試みるのである。さらに母権制社会についてのバッハオーフェンの理論は「社会主義の理想と密接なる親近性をもつ特徴を含むものであり、要するに、人間の物質的福利と世俗的幸福に対する配慮こそ、母権的社会における中心的思想の一つとして示されている。他の諸点においても、バッハオーフェンの描く母権的社会の現実は、社会主義の目標設定に通じるものをもち、ロマン主義的反動的な願望と対立している。バッハオーフェンによれば、母権的社会は、セクシュアリティがキリスト教的価値否定から自由に解放された社会として、母性愛と同情心が社会を維持する道徳的原理となっており、同胞の人間を侵害することが最も重い罪とされるような原初的民主主義の社会として、そして私有財産がいまなお存在しない社会として、描かれる」(11)。ケルナーがいみじくも指摘しているように、フロムにとって母権制の理論にかかわる決定的な問題は、バッハオーフェンによって記述されたような母権制社会が実際に存在したか否かにあるのではない。むしろ、母権制の理論は資本主義的父権社会に対立する制度、態度、そして諸価値を代表するものなのであり、そしてこの理由から、「社会的精神構造の根本的な変革を目指す社会主義者たちの賛同を、大いに獲得することになったのである」[12]。

かくして、フロムのバッハオーフェン論は、マルクス主義とフェミニズムとの総合の一つの先駆けとして、したがってまた批判理論内部でフェミニスト的次元を発展させようとした最初の試みとして読解することができる[13]。たとえば、母権制から父権制への転形に関する議論のなかで、フロムは父権制的社会構造が「社会心理的基礎において、既成社会の階級的性格と密接に結合されている。この社会は究極においては、部分的に無意識の衝動を基礎とするような特定の精神的態度に基づくのではない。かかる精神態度は、支配機構の外的強制を最も効果的に補完する。父権制的家族は、階級社会の安定のために有効に働くこの精神的態度を生みだす最も重要な場の一つである」ことを提示し、彼の観点からは父権的コンプレックス（複合観念）がブルジョワ社会では発展するのであり、「このコンプレックスの特性は、不安や愛、憎しみの混淆した、父性的権威に対する実質的な依存感情、弱者に対峙する父性的権威との同一化、幸福よりも義務に重きをおく厳格なる超自我、超自我の要請と現実との分裂からつねに新しく生み出され、しかもまた権威に対する従順さを生みだす罪責感情、等にある。まさに、こうした社会心理的事態にこそ、なぜ家族がほぼ一貫して社会の基底とみなされ、あるいは少なくとも社会を支える最も重要な支柱の一つとされてきたか、ということの根拠」があると説明するのである[14]。

父権制社会では、父親との関係が中心的である。心理的発展において父—息子関係に第一義的な重要性を与えたエディプス・コンプレックスについてのフロイトの理論を超えて、フロムは父親の権威が社会化の過程に投入される様々な仕方を、またこうした過程が資本主義とブルジョワ社会の価値を再生産する仕方を枚挙してみせる。ついでフロムは子どもの母親に対する関係とこの関係に孕まれている母性的価値を対照させる。父親に対する関係が、その人間の振る舞い、成功、父の期待を満たす能力という点で条件的であるのに対して、「母性中心コンプレックスは、無条件の母性愛に対する楽天的な信頼感情、小なる罪責感情、弱体な超自我の力、強い幸福能力および享受能力、等によって特徴づけられる。ここには同時に、弱者、窮迫した者に対する共感や愛という母性的な諸性質の発達の理念が形成される」[15]。

マザーリングについての現代のフェミニズム理論の潮流に先駆けて、フロムは男性／父権的な価値と性質を批判しながら、女性／母権的性質と価値を肯定的に評価する。ともあれケルナーも指摘しているように、同論文の主眼は、フロムがバッハオーフェンの議論のうちに、一夫一婦制、私有財産、および他のブルジョワ的社会諸形態のような現存する社会的諸関係や諸制度の相対性を読解している点にあり、彼は社会的諸装置が社会的に構築されたものであることの認識をさらに深めるのである[16]。そしてフロムは、バッハオーフェンから受容した〝母なるもの〟とマルクス主義との、つまりフェミニズムとマルクス主義との両立可能性を「マルクス主義の社会的プログラムにおいて心理的基礎とされたのが、母性中心のコンプレックスの優位ということであった」ことを強調することによって、同論文を結論づけている[17]。

これまでみてきたようにフロムはバッハオーフェンによって評価された母性的諸原理についての肯定的な分析と父権制的価値の批判を行ったわけであるが、しかし他方ケルナーが危惧するようにフロムによる母権制の神話の使用が女性の性質を評価する場合の最良の概念装置の提供となるかは定かではない。母性的価値のバッハオーフェンによるロマン主義化が、女性にとって充足しなければならない規定された規範的な役割を生みだすことになり、かくして社会的規範の変化にともない様々な存在様式を選択する女性の自由を制限することになるのではないかという点に関して、広汎な懐疑が存する。母権制神話が女性の本質的な機能を定義する際に使う母としての女性の定義から今日多くの女性は脱出しようと試みているのだ[18]。

このような問いにここでは立ち入って触れることはできないが、いずれにせよ、フロムの論文のなかでのマルクス主義とフェミニズムと精神分析の交わりというものはその後のフェミニスト理論の一定の潮流を先取りするものであり、批判理論とフェミニズムとの間の可能な総合の先駆けを提供するものであった。だが、いうまでもなく現代のフェミニスト理論の鍵となる概念はジェンダー概念による分析にある。したがって、次節ではフロムのあまり知られていない――だが、おそらくはフロムのジェンダー論にとっては価値ある――「性別と性格」(四三年)をとりあげ、その考察を通じて彼のジェンダー論のパースペクティヴを確認してみよう。むろん、同論文が発表された一九四〇年代において、フロムは〝ジェンダー〟という言葉を使っていないことはいうまでもない。

二 ジェンダー論の視座――性差という〝自然〟の差異の相対性

ケルナーが指摘するように、フロムは、男性と女性との差異についての理論をつくり出すことに焦点を据え、ジェンダーについてのパースペクティヴを発展させた最初の批判理論の理論家であった。[19]「性別と性格」(四三年)のなかで、彼は両性にはなんら生得的な差異は存しないという啓蒙主義の立場と、男性支配を支持し両性間の不平等を正当化することを常としたところの本質的差異を主張する保守主義的でロマン派的立場とを対置することによって、このような企ての政治的な本性を指摘している。[20]フロムはまたジェンダーについての保守的なパースペクティヴをフロイトおよび正統派フロイト主義者が継承した点を指摘し、「別の文化的要因を重視する精神分析家グループは、フロイトの発見に異議を唱えた。彼らは、フロイトが生物学的論拠で説明した性格学的諸結果を生じさせるのは、現代社会における女性たちの文化的・個人的諸経験だと指摘することによって、フロイトの推論の誤りを――臨床的・理論的に――証明した」ことに言及する。[21]

そしてフロム自身、同論文で生物学的な本質主義と文化相対主義とをジェンダーの差異に関する彼の分析のなかで媒介しようと試みている。「この論文のテーゼは以下のとおりである。――両性間の一定の生物学的な差異が性格学的な差異を生む。そうした差異は社会的諸要因によって直接生み出される差異と入り混じっている。影響力では社会的要因から生まれた差異の方がずっと強く、生物学的に根ざした差異を増強させたり、排除したり、逆転させることもありうる。そして結局、両性間の性格学的な差異は、直接文化によって決定されたものでない限り、けっして価値の違いを意味しない――ということである[22]」。

フロムは生物学的な性的差異の分析を性行為における男性と女性との間の顕著な差異と考える点を指摘することからはじめる。たとえば、男性は勃起しなければならずオルガズムを得るまで行為の間、勃起を持続しなければならない。このような生物学的事実は男性と女性とでは（性的）不安が異なっていることを示唆するものである。フロムはいう。「相手を満足させるために、男性は何かを証明しなければならないが、女性は何も証明しなくてよい。こうした男女それぞれの性的役割の違いから、ほかの違いが生じてくる――性機能と結びついたそれぞれに特有の不安の違いである。この不安は、男性と女性の立場の最も傷つきやすいところに巣くう。男性の立場は、何かを証明しなければならない限り、すなわち、もしかすると萎えてしまう可能性がある限り、傷つきやすい。男性にとって、性交は常にテスト、試験の色合いをもっている。男性特有の不安は、失敗するのではないかという不安である。去勢恐怖がその極端な例だ――器質的に。したがって永久に性交することができなくなるのではないかという恐怖である。一方、女性の傷つきやすさは、男性依存にある。女性の性機能と結びついた不安要素は、失敗することにあるのではなく、『置いてきぼり』にされること、欲求不満に陥ること、性的満足を導く過程を完全にコントロールすることができないことにある[23]」。

この分析は、ケルナーも指摘するようにあきらかに異性間の性交をセクシュアリティ・モデルとして前提にしているが、しかしながら、この深刻ともいうべき欠陥とは独立に、フロムが父権制を批判し、時代の支配的な性的神話のステロタイプを引き裂こうということが認められる。彼は、性的差異の分析とセクシュアリティに関する極端に父権制的なフロイトモデルを批判し、次のように議論しているのである。すなわち、女性を本質的に虚栄的であるとみなすフロイトと伝統的なイデオロギー的・父権制的な女性解釈は両方ともフロムが考える〝男性の自己自身を証明しようとする試み〟によって反駁される。すなわち、男性は性的行為においても、また他の社会的領域――性的失敗の恐怖を取り返す安心を生活の他の領域での自己の威信を求めての競争を通じて追求するところの――においても「立派な『行為者』であることを誇示」する必要があり「男性は、まるで終わりのない試験の夢の中で生きているかのように振る舞う」のである。対して、女性は男性を魅了するよう強制されているのであり、この女性の「虚栄心は本質的には、異性を魅きつけたいという欲求であり、自分に魅きつける力があることを自分自身に証明してみせたいという欲求である」[24]。「このことは、性的魅力に含まれる好みや感性が性別分化している文化においてとくに当てはまる」のである。

フロムはまた次のように議論する。すなわち社会システムは全体的にみれば男の競争と虚栄心を鼓舞するものであり、同様にまた、性交のなかで嘲られることに対する恐怖を和らげ、不安感と闘うための威信を手にするために必要な女性に対する支配と権力を鼓舞するものである、と。フロムは、両性間の闘いにおいてペニスは男性が女性をサディスティックに支配できるための武器であることを示唆しているとはいえ、女性は男性を嘲ることができ、彼らを不能にすることができるのである。ケルナーが指摘するように、こうしてフロムは性的差異を引き出すうえでは文化主義者の相貌を顕著にする傾向にあるのだが、とはいえ彼は、生物学的差異と文化的差異とは現代社会においては相互に補強しあう傾向にあると主張する。ペニス羨望のフロイト理論を、男性は子どもを胎みたいと羨望する可能性があることを指摘することによって覆したのち、フロムは彼のバッハオーフェンの分析に再び触れ、次のように結論づけている[25]。少し長いが引用してみよう。

「性差は、平均的男性と平均的女性のパーソナリティを色づける。この色づけは、メロディー（旋律）そのものではなく、メロディーがつくられるキー（調性）あるいはモード（旋法）にたとえてもよい。しかも、この色づけは、平均的男性と平均的女性それぞれのものにすぎず、一人ひとり違う。これら『自然の』差異は、人間が暮らす特定の文化がもたらす差異と入り混じっている。例えば、われわれの現代文化においては、事実上もイデオロギー上も、女性が男性に依存しており、名声欲・成功欲は男性のものであるが、これらの傾向の存在は、社会的役割と関係が深いもので、性的役割とはさほど関係はない。それらの傾向が男性あるいは女性の特異性に根ざしたものであろうとなかろうと、社会そのものが、必然的にそうした努力を生みだすように組織されているのである。……現実は、文化の型と社会形態が、性差のように全く違う原因に根ざした傾向と一致する性格学的傾向をつくりだせるということである。……名声欲と依存欲は、文化の産物として、パーソナリティ全体を決定する。これらの欲望は、パーソナリティのキーではなく、メロディーそのものである。したがって女というものは依存的になり、男というものは名声をほしがるものになる。かくして個々のパーソナリティは、人間のパーソナリティの全音階のひとつに還元される。……女性が元々依存的なのではないし、男性は元々虚栄心が強いわけではない。その理由は、両性の対等性は性差よりも深いこと、男性も女性も何よりもまず同じ潜在能力、同じ欲望、同じ恐怖を共有する人間であることに求められよう。自然の差異によって男と女のどこが違うにせよ、それが男女の差異を生むわけではない。……両性間にどのような差異があっても、それらの差異は、同性の個人間にみられる性格学的差異と比べて取るに足りないものだということは明らかだ。性差は、何らかの仕事をする能力には影響しない[26]」。

以上、これまでフェミニズムと批判理論との関係、そして本節では「性別と性格」(四三年)からフロムにおけるジェンダー論のパースペクティヴを確認してきた。ジェンダー論の文脈では同論文に連続する「男性と女性」(五一年)があるが、この〝つなぎめ〟で、議論の位相を旋回しよう。あくまでも筆者の課題はフロムの『愛するということ』からケア概念を構成し、〈隘路〉への応答可能性を提示することにある。**序**において筆者は同書を「ともすれば本質主義が濃厚だ」と述べたが、はたせるかな、ケルナーもまた同書を「深刻な後退」をあらわにしているとと指摘している。(27) たしかに、同書には本質主義的な叙述がしばしばみられ、フェミニストからはそうした誹りを免れないであろう。だが、これまで初期からフロムの思想をみてきたように、単に同書を本質主義に還元することもまた早急である。少なくとも、同書刊行以前、われわれがみてきたような論考を発表してきたのである。

これまでみてきたフロムのフェミニズム／ジェンダー論の文脈を念頭におきつつも、議論の位相を『愛するということ』におけるフロムのケア概念の構成と〈隘路〉への応答可能性の文脈に旋回し同書を再度読解してみよう。近年、フロムのケア概念におけるその重層的性質に注目し〈隘路〉への応答可能性を提供せんとするのは関根宏朗の賢察である。(28) 関根の議論を手がかりに、本節で扱った「性別と性格」から、〝つなぎめ〟としての「男性と女性」を〈隘路〉への応答可能性の文脈の入り口として読解することからはじめることによって、『愛するということ』の検討を行いたい。それではまず、さしあたってフロムはケアをどのようなものと考えていたのかみていきたい。

三　ケア概念の構成――〝母なるもの〟と〝父なるもの〟の重層的関係

フロムによれば「愛にケア（care）が含まれていることを一番はっきり示しているのは子どもに対する母の愛である」とも書いているように、彼もケアを母性から生まれるものとして考えていた。しかしその精神分析経験のゆえ、「生理学的にみると、男も女性ホルモンを、女も男性ホルモンを持つが、それと同じく心理学的にも人間は両性的である」と考える彼の仕事には、(29) 関根が指摘するように単純に女性性／男性性の区別に収まりきらない、いやむしろそれらを重層的なものとして捉え返す視点が含まれているという。「男性と女性」（五一年）において、フロムは次のように述べる。「母権制と父権制のどちらが良いかの判断は、難しい。実際、こういうかたちの問題の立て方は間違っていると私は思う。なぜなら、母権制は自然な結びつき、自然な平等、愛といった要素を強調し、父権制は文明、思想、国家、発明と産業、より古い母権制文化と比較して様々な面での進歩といった要素に力点を置いているからだ。人類の目的は母権制か父権制かのどちらかに序列をつけることではないはずだ。われわれは、両性が互いに相手を支配することなく関係し合うような状況に到達しなければならない。そうなってはじめて、男性と女性の真の差異、真の極性を発現することができる」[30]。フロムは、父権制を広義の近代性に重ねながら「自然な結びつき」や「愛」といった要素を強調する母権制との重点の置かれ方の違いに着目し、相互に「支配なく関係し合うような状況」をつくりあげることで逆説的にも「真の差異」が発現されると説明する。だが、重なり合う父性と母性とがどのような内的関係をもつものか、同論文ではこれ以上説明はなされていない[31]。

われわれは、系統発生的に初期の論文「男性的創造」（三三年）のなかからその手がかりを探ってみよう。フロムは「一神論の基本書として、さまざまな女性神に対する、社会構造における母権制の名残に対する勝利の記録」であるために「旧約聖書はきわめて男性的な性格をもつ」と見立て、バビロニア神話では存在していた母性的要素がそのなかに〝弁証法的〟に組み込まれていった様子を、女神ティアマットに対するその子どもたちの反抗の叙述のうちにアレゴリーとして読解した[32]。そこで事物の鋳型を当てはめることに「男性的創造」を見るフロムは、一貫して次の前提に立ち続ける。「男性はなるほど創造者である。しかし母性の身体を材料として必要とする」[33]。かくして、関根によればフロムが母性と父性との相互の関係性について次のことを念頭に置いていたと理解することができる。すなわち、母性的な要素が「材料として」組み入れられ、父性のなかに〝弁証法的〟に統合を迎えるということであり、フロムのいう「両性が互いに相手を支配なく関係し合うような状況」とは内的には極めて重層的な父性と母性の構造をもつのである[34]。

このようなことを念頭におき、『愛するということ』（五六年）の検討にはいっていきたい。同書のなかでフロムは、「責任」・「尊敬」・「知」と密接に関わりながら「愛」を構成するものであると「ケア（care）」概念を説明し、それがなければ愛は存在しないとまで述べ[35]、愛の重要な構成基体であるケアに対し、彼はヨナ書読解を通じてその意味づけを試みる。「この愛の要素〔愛に含まれる配慮（care）〕は旧約聖書のヨナ書に美しく描かれている。神はヨナにニネベの町に行って、悪行を改めないと天罰が下ると警告しなさい、と命じた。ヨナは任務を放棄して逃げた。警告すればニネベの人々が悔いあらため、神は彼（女）らを許すのではないかと恐れたのだ。ヨナは法と秩序に厳格な男だったが、愛に欠けていた。ところがヨナは逃げる途中で鯨に飲み込まれてしまう。これは、愛と友愛心が欠けていたために身に招くことになった、孤独と監禁状態を象徴している。神はヨナを助け、ヨナはニネベに向かう。そして神の命じたとおりに町の人々に説教すると、彼が恐れていたとおりのことが起きる。ニネベの人々は罪を悔い、悪行をあらためる。ヨナは憤慨し、落胆する。彼は慈悲よりも『正義』がなされることを望んでいたのだ。最後に、ヨナは、神が太陽の光からヨナを守ってやろうと生やした木の陰でほっと一息つく。ところが神がその木を枯らしたので、ヨナは落胆し、怒って神に不平を言う。神はこう答える。『おまえは、自分で苦労して育てたわけではない、一夜にして生え、一夜にして枯れたトウゴマの木のことを嘆いている。それならばどうして私が右も左もわきまえぬ十二万人以上の人と無数の家畜のいる大いなる都ニネベを惜しまずにいられようか。』ヨナにたいするこの神の答えは、象徴的に解釈しなければならない。愛の本質は何かのために『働く』こと、『何かを育てる』ことにある。人間にとって愛と労働は分かちがたく、何かのために働いたらその何かを愛し、また愛するもののために働くのである[36]」。

ヨナ書は、神の命を受けた預言者ヨナがその任務から逃亡するという導入や、神に不平が述べられるといったその自由さが特徴的である。このようなモチーフについては聖書学でも解釈が多様であるが、フロムの解釈は、ヨナの不従順と遭難を彼が正義のみを順守したことの不毛さゆえのものと捉え、「労働」や「育て」を通して生まれる対象への配慮の感情が「愛の本質」を形成することを示唆するものである。ところで次の点に注意しよう。

関根によれば、愛を欠いた厳格なヨナに問題があった一方で、ニネベの住人たちに悪行をやめさせるという一定の「正義」も同時にそこで求められていた。すなわち、「愛」と「正義」はどちらも必要であることが「美しく描かれている」のである。いうまでもなく「労働」や「育て」において一定の秩序がなければ、それはたちゆかない。ここにおいてフロムのケア概念には、単純な母性愛的出自を超えて、規律や正義を捨て去ることなく織り込みながらかかわりの対象への働きとして結晶していることが確認できると同時に、静的なセクシュアリティ理解には決して収まりきらない彼のまなざしが存在する。[37] 現代における正義対ケア論争へのフロムからの切り口を開示しているようにもみえるが、ともあれ同書における〈隘路〉への応答可能性の手がかりとして、母性と父性との相互関係性を考え合わせていくための中間項的な対概念すなわち「母性愛（motherly love）」に対応する「父性愛（fatherly love）」へのフロムのまなざしに注目したい。

「母性愛」はなによりその無償性が強調され、「母親に愛されるという経験は受動的である。愛されるために何かをする必要はない。母性愛は無条件なのである」。しかしそれゆえに次のような否定的な側面も生じてしまう。「愛されるのに資格がいらない反面、それを獲得しよう、作り出そう、コントロールしようと思ってもできるものではない」。それは「利他的であること」のうえに立脚している。[38] 対して、「父性愛は条件つきの愛である」。これには自分次第で愛を失うリスクがあるという欠点がある一方、しかし「条件つきゆえに、それを手に入れる努力が可能」であるという長所もみられる。「父性愛は母性愛と異なり、自らコントロールが及ばないものではない」。そして愛する側の方からは「脅したり権威をおしつけたりすることなく、忍耐強く寛大に」秩序を身体化させていくことが重要となってくる。[39]

関根も指摘するように、「母性愛」と「父性愛」との境をフロムは、何よりその〝必要条件の有無〟にみていた。フロムによれば、ただ惜しみなく与えられる無条件の愛は、授乳や抱擁の経験にその同型の情が内在しているように「母性」に属するものと意味づけられる。同様に、対象関係論がいうところの母子分離後の個体に対し所与の世界における仕組み（法や規範）を生きる者としてそれを伝えるのは、制度のなかの労働へと特化する「父」なるものの役割として期待される。またさらにその受け手にとっての条件の有無ゆえに、愛される者にとって「母性愛」は受動的で「父性愛」は能動的なものとして線引きされるのである[40]。

フロムはこれら二つともにその意義を認めつつも、そのうえで精神分析家としての臨床経験をもとに、それらの時系列的な順番づけを提示している。すなわち、およそ六歳頃を境に「母性愛」から「父性愛」へと強くあらわれる「愛」の側面がシフトしていくというのである。もっとも、本来「子どもに対する母親的・父親的態度の差異は、子ども自身の必要（needs）に対応している」ものであるべきという考えに基づきながらそうした傾向がみられるという、彼の経験科学的知見にしたがったものにすぎない。いずれにせよ、こうした診断の前提として二つの「愛」をともに取り入れることで「子どもは成熟し、自分自身が母であり、また父でもあるような状態へといたる」ということ、さらにその際それぞれの「愛」に対応する「母性的良心（motherly conscience）」および「父性的良心（fatherly conscience）」を身につけ、これに失敗ないし不備がある場合に神経症が発症するということを強調している[41]。フロムはいう。「母性的良心と父性的良心とは互いに矛盾するように見えるが、成熟した人間はその双方によって人を愛する。父性的良心だけを保持しようとしたら、残酷で非人間的な人物になってしまうだろう。母性的良心だけを保持しようとしたら、判断力を失い、自分の発達も他人の発達も妨げることになるだろう[42]」。

男性性および女性性の両立可能性、いやむしろ両立の必要性についてのフロムのまなざしは、「発達」についての文脈においても徹底している。彼にとって、「母性愛」はもとより「父性愛」的側面を強くもって対象に接することのなかにも論理的にケアが含みこまれていたとわれわれは理解し、先に述べたフロムが念頭においていた「両性が互いに相手を支配なく関係し合うような状況」としての母性と父性との重層的な相互の関係性を鑑みるならば、関根がいみじくも指摘するように、ここにおいてフロムのケア概念はその初発の性愛的意味を温存しつつも同時に超性愛的に意味性質を拡大させることになろう。またそれは母性および父性をあくまでも理念型的に捉えたうえで男児・女児ともに同形の発達図式を内包するものである。フロムのこのようなケア概念は、〈隘路〉への応答可能性の手がかりを提供するものではないであろうか。[43]

むすびにかえて——歴史知的討究

以上、フロムからの〈隘路〉への応答を課題にすえ、歴史知的視座から前半ではケルナーの議論を手がかりにフェミニズム／ジェンダー論のパースペクティヴを確認し、後半では関根の議論を手がかりにケア概念の構成をおこなった。ここでいま一度、「歴史知」という方法論を確認してみよう。歴史知研究会の創始者・石塚正英の言をかりるならば、次のような視座である。すなわち、「感性知と理性知、あるいは非合理的知と合理的知とは、相補的になってはじめて存在できる。その枠構造を認め、双方を軸とする交互的運動の中において双方を動的に観察する。あるいは、その二種の知を時間軸上において連合させる二一世紀的新知平、そこに立つ。こうした〈知平〉において歴史知は成立し、歴史知はパラダイムとして確立する」。このような主張の背景には、近代という時代が「知の体系」の一方の極である理性知（科学知・理論知）の基準、すなわち「数量的・合理的・普遍的な基準」を重視するあまり、もう一方の極である感性知を「スッパリと削ぎ落してしまった」ことへの反省がある。[44]

本稿では、フロム思想の「枠構造」を、一方の「感性知」として〝母なるもの〟（「母／女性原理」）、他方の理性知として〝父なるもの〟（「父／男性原理」）を理念型として措定することによって彼のテクストを読解し、一九八〇年代以降膨大な蓄積があるケアの倫理の議論に存する〈隘路〉すなわちケアを女性的なものとして固定的に表象することによって招く女性抑圧といった問題圏への応答を試みた。一九三〇年代における初期フロムの〝母なるもの〟の発見は、自明とされてきた父権社会における諸制度・価値がいかに相対的なものであるかのまなざしを獲得する。このようなフロムの批判的まなざしは同時に、生物学的宿命とさえされてきた性差という〝自然〟の差異にも否応なく懐疑をさしむける。しかし、〝母なるもの〟の称揚だけでは〈隘路〉は隘路のままである。歴史知的視座から右のように「枠構造」を見極め、両極（両性）を重層的・関係論的に捉えることによってこそ〈隘路〉への応答は可能となり、いまなお盛んに議論が続くケアの倫理という文脈へのフロムのケア概念からの流入という可能性を発見することができる。ここに歴史知の意義を筆者はみいだすのだが、こうしたまなざしは同時に、フロム研究に留まらず、フェミニズム／ジェンダー研究とケアの倫理といった領域相互の架橋的まなざしを約束するものとして新たなる〈知平〉をひらくことを示唆するものではなかろうか。

［註］

（1）石塚正英『歴史知と学問論』、社会評論社、二〇〇七年、四五頁、参照。

（2）M. Mayeroff, *On Caring*, Harper Perennial, 1990[1971], p. xi.〔M・メイヤロフ『ケアの本質——生きることの意味』田村真・向野宣之訳、ゆみる出版、一九八七年、九頁、二二五頁〕。

（3）D. Kellner, "Erich Fromm, Feminism, and the Frankfurt School" was first delivered International interdisciplinary Symposium on Erich Fromm and the Frankfurt School in Stuttgart Hohenheim on May 31 June 2, 1991. First published in: Michael Kessler und Rainer Funk Hrsg. , *Erich Fromm und die Frankfurt Schule*, Tubingen Francke Verlag , 1992, p. 111.〔D・ケルナー「エーリッヒ・フロム、フェミニズム、そしてフランクフルト学派」、M・ジェイ編『アメリカ批判理論の現在——ベンヤミン、アドルノ、フロムを超えて』永井務監訳、こうち書房、二〇〇〇年、三〇七～三〇八頁〕。

（4）清眞人『創造の生へ——小さいけれど別な空間を創る』、はるか書房、二〇〇七年、九頁。

（5）徳永恂『フランクフルト学派の展開——20世紀思想の断層』、新曜社、二〇〇二年、二五頁。

（6）E. Fromm, "Über Methode und Aufgabe einer Analytischen Sozialpsychologie" *Zeitschrift für Sozialforschung 1*, 1932. In: *The Crisis of Psychoanalysis*, translated by Author, 1970, Holt, Rinehart and Winston, p. 116.〔E・フロム「分析的社会心理学の方法と課題」『精神分析の危機』岡部慶三訳、東京創元社、一九七四年、一八六頁〕。

(7) *Ibid.*, p. 117.〔一八七頁〕。

(8) *Ibid.*, pp. 123ff.〔一九三頁～〕。Cf. Kellner, *op. cit.*, pp. 112—113.〔三〇八～三一一頁〕。

(9) 徳永恂『現代批判の哲学——ルカーチ、ホルクハイマー、アドルノ、フロムの思想像』、東京大学出版会、一九七九年、二三四～二三五頁、二六〇頁、二六五頁。

(10) Cf. Kellner, op. cit., p. 114.〔三一二～三一三頁〕。

(11) E. Fromm, "Die Sozialpsychologische Bedeutung der Mutterrechtstheorie" *Zeitschrift für Sozialforschung* 3, 1934, S. 205.〔E・フロム「母権理論の社会心理学的意義」、R・フンク編『愛と性と母権制』滝沢海南子・渡辺憲正訳、新評論、一九九七年、一六九頁〕。

(12) *Ibid.*, S. 206.〔一七〇頁〕。Cf. Kellner, *op. cit.*, pp. 114—115.〔三一三頁〕。

(13) *Ibid.*, p. 115.〔三一三～三一四頁〕。

(14) Fromm (1934), *op. cit.*, S. 211 212.〔一七七頁〕。

(15) Ibid., S. 221.〔一八九頁〕。Cf. Kellner, op. cit., p. 115.〔三一四頁〕。

(16) Cf. *ibid.*, pp. 115—116.〔三一五頁〕。

(17) Cf. Fromm (1934), op. cit., S. 225—226.〔一九五～一九七頁〕。

(18) Cf. Kellner, *op. cit.*, pp. 116—117.〔三一七頁〕。

(19) Cf. *ibid.*, p. 119.〔三二〇～三二一頁〕。

(20) E. Fromm, "Sex and Character" 1943 in: Rainer Funk. ed. *Love, Sexuality, and Matriarchy*, Fromm International Publishing Corporation, 1997, pp. 93ff.〔E・フロム「性別と性格」、R・フンク編『愛と性と母権制』滝沢海南子・渡辺憲正訳、新評論、一九九七年、一四頁～〕。

(21) *Ibid.*, p. 95.〔一六頁〕。

(22) *Ibid.*, p. 97.〔一七頁〕。

(23) *Ibid.*,pp. 99—100.〔二〇頁〕。

(24) *Ibid.*, p. 104, 106.〔二五頁、二七頁〕。Cf. Kellner, op. cit., pp. 119—120〔三二二頁〕。

(25) Fromm (1943), *op. cit.*, pp. 107ff.〔二八頁～〕。Cf. Kellner, *op. cit.*, p. 120.〔三二二～三二三頁〕。

(26) Fromm (1943), *op. cit.*, pp. 111—113.〔三二〜三四頁〕。
(27) Cf. Kellner, *op. cit.*, p. 121.〔三二五頁〕。
(28) 関根宏朗「エーリッヒ・フロムの思想における『ケア』概念の重層的性質——ケア論に対するフェミニズムからの批判を乗り越えるために」『教育哲学研究』九八号、教育哲学会、二〇〇八年。同論文は、フロム研究において新たな地平を切り拓いたものであり、本稿もその成果に多くを負っている。
(29) E. Fromm, *The Art of Loving*, Harper & Brothers Publishers, 1956, p. 26, 33.〔E・フロム『愛するということ（新訳版）』鈴木晶訳、紀伊國屋書店、一九九一年、四八頁、五八頁〕。
(30) E. Fromm, "Man—Woman" 1951 in: Rainer Funk. ed. *Love, Sexuality, and Matriarchy*, Fromm International Publishing Corporation, 1997, p. 119.〔E・フロム「男性と女性」、R・フンク編『愛と性と母権制』滝沢海南子・渡辺憲正訳、新評論、一九九七年、四〇〜四一頁〕。
(31) 関根、前掲、二五〜二六頁、参照。
(32) E. Fromm, "The Male Creation" 1933 in: Rainer Funk. ed. *Love, Sexuality, and Matriarchy*, Fromm International Publishing Corporation, 1997, pp. 51ff.〔E・フロム「男性的創造」、R・フンク編『愛と性と母権制』滝沢海南子・渡辺憲正訳、新評論、一九九七年、二〇三頁〜〕。
(33) *Ibid.*, p. 67.〔二二四頁〕。
(34) 関根、前掲、二六〜二七頁、参照。
(35) Fromm（1956）, *op. cit.*, pp. 26—33, 26.〔四八〜五七頁、四九頁〕。
(36) *Ibid.*, pp. 26—27.〔四九〜五〇頁〕。
(37) 関根、前掲、二八頁、参照。
(38) Fromm (1956), *op. cit.*, p. 39, 51.〔六七、八四頁〕。
(39) Ibid., pp. 42—44.〔七一〜七三頁〕。
(40) 関根、前掲、二九頁、参照。
(41) Fromm (1956), *op. cit.*, pp. 43—45.〔七二〜七四頁〕。
(42) *Ibid.*, p. 44.〔七三〜七四頁〕。

(43) 関根、前掲、三〇頁、参照。
(44) 石塚、前掲、七~八頁、一七頁。

〔付記〕本稿は、拙稿「エーリッヒ・フロムにおける臨床の知としての〈ケアの倫理〉への準備ノート」『大学院年報』二八号（立正大学大学院文学研究科、二〇一一年）に加筆、修正を加えたものである。

第6章　前期ハイデガーにおける時間についての議論
——時計の時間と人間の時間

武井　徹也

はじめに

「時間（time : Zeit）」という現象は、多くの謎に包まれている。時間は我々人間と常に既にともにあり、我々はまさしく時間を生きていながら、かつてアウグスティヌスが述べたように、その正体を改めて問おうとすると途端に見通しが効かなくなってしまう。かくして人間は時間の理解を目指し、哲学をはじめとして、心理学や物理学などの各方面から多くの研究を重ねてきたが、時間は今以て十分に解明されているとは言い難い。

本稿は、二〇世紀の哲学者マルティン・ハイデガー（Martin Heidegger, 1889―1976）における時間についての思惟に即しながら、時間という現象の一端を考察する。その際、本稿では「時計（watch : Uhr）」という道具を一つの視点としながら考察してみたい。現代に生きる我々は、時計が示す時間に従って日々の生活を営んでいる。我々は毎日の仕事や用事を時計の時間によって計算し、予定を組み、行動している。それゆえ日常の我々にとって、時間とは時計が示す時間に他ならなくなっている。

だがハイデガーによれば、時計という道具は、時間を「今（Jetzt）」や「現在（Gegenwart）」という相において示すのに特化した時間の計算装置であり、時計を生み出した人間の生それ自身の固有の動性としての根源的時間を本来的に反映したものではないとされる。それゆえハイデガーは、時計に頼って生きている現代人は、「今」に特化した時計の時間のなかに自らの本来的な生とその根源的時間とを埋没させてしまっていると指摘するのだ。

時計という道具の原理をなしている「今」に特化した時間理解が、今日の我々の時間理解を根底から規定しているとされるのである。

本稿では、一九二〇年代の前期ハイデガーの議論に焦点を合わせ、まず第一節において、時計という道具が示す時間とその特徴についてのハイデガーの分析を確認する。続いて第二節において、現存在（Dasein）としての人間の生における時間についてのハイデガーの議論を——本稿の主題に関係する範囲において——検討する。最後に第三節において、時計にみられる時間理解をハイデガーの時間についての議論から再考することを通じて、「時間」という現象についての知の可能性を考えてみたい[1]。

一 時計が示す時間とその特徴

時を知ることは、古代より人間の生活において大きな関心事であった。例えば天体の運行（そしてそれによってもたらされる昼や夜の事象）などは、人間の生活行動を規定する最も基本的な要素であり、そこから人間の生活行動（働くことや休むことなど）のための時間が読み取られる。時間は人間の生との関係から、言い換えれば人間の生の在り方に定位して理解される。そして時計という道具——その様式は多々あるが——は、人間の生活行動を整えようとする時間理解によって人間の生が生み出した時間の計算装置であり、この世界の様々な〈事物の運動〉に即し、時間という現象を〈数量〉において均質・正確に計測する装置である。ハイデガーは、人間の生を「現存的（Dasein）」という述語において捉え、このようにいう。

〔現存在においては〕周囲の世界の自然（*Umweltnatur*）が発見されており、誰もが接し得るものになっている。…〔中略〕…時計においては、そのつど宇宙系における星位の一定の位置が計算に入れられている。

我々が時計をみるとき、我々は暗黙のうちに「太陽の位置」を、すなわちそれに従って時間測定の天文学的統制が公式におこなわれている「太陽の位置」を使っている（GA2. 95f.）。

それゆえ我々は日常的に、時計は「時間」という現象を適確に表示する道具とみなしている。しかし時計が示す時間は、はたして時間という現象をその本来の性格において示しているのであろうか。また時計が示す時間にはどのような特徴があるのであろうか。

ハイデガーは、時計が示す時間は現存在の日常的な在り方――日常性（Alltäglichkeit）――が反映した時間であると考える。ハイデガーは、一九二五年にカッセルでおこなった講演「ヴィルヘルム・ディルタイの研究活動と歴史学的世界観を求める現代の争い」（通称「カッセル講演」）において、現存在の日常性と時計との関係について以下のようにいっている。

〔現存在の〕日常性において、時間（Zeit）はどのように現に存在しているのであろうか。それは明らかに、私が時間について何ごとかを決定し、時間について規定する場合、すなわち、私が時計（Uhr）に目をやり、今（Jetzt）と言う場合である（Ka, 169）。

ハイデガーによれば、人間の生の日常的な在り方においては、時間という現象は時計という道具を基準として捉えられている。しかも我々が時計をみるのは大抵、今がどのくらいの時間なのか（すなわち、今は何時なのかという時刻）を知るためである。時計の時間は日々の生活を営む我々の日常的な時間理解を体現している。ではそもそも時計という道具はなぜ作られたのであろうか。ハイデガーはこのようにいう。

時計が存在するのはなぜか。それは〔現存在の〕日常性が世界（Welt）の動きを今においで意のままにしたいがためである。今は、その後は、その後は、その後は…とひたすらに続く今。…〔中略〕…このような今一般を手に入れるために、時計が必要なのである（Ka, 170）[2]。

ハイデガーによれば、時計とは時間を「今」という時間の相において示すのに特化した時間の計算装置である。しかもこの「今」とは、日常的な現存在による生の営みがなされるそのつどの「今（Jatzt）」である。我々は日常的にそのつどの今に立脚し、そのつどの今において直面する物事への仕事や用事を果たしながら生きる。次々に現われる「今」という時間相を時計という道具を用いて把握することで、日常的な我々はこの世界を我々の意のままに掌握することができ、日々の営みを成立させられ得るとハイデガーは考えているのである。我々は「今」において世界に関わり、他者と交わり、自己の生を営んでいるのであり、時計はこうした「今一般」を我々に適確にもたらしてくれるのだ。

しかしながら、このような時計が示す時間――「今」が突出した時間――というものは、偏った時間の現象なのではないだろうか。ハイデガーは、このような時計の時間は、人間の生それ自身、すなわち現存在それ自身の〈生の固有の動性〉としての根源的な時間ではなく、その本来的な時間性格を反映したものではないと指摘する。

日常的な現存在がお互いに対する配慮的な気遣いに没頭すればするほど、それだけますます日常的な現存在のもつ時間は少なくなり、暇が減り、それだけますます時計は精巧になっていく。…〔中略〕…〔現存在が〕本来的に時間的に存在することとは、〔このような〕時間のなかで行動したり、時間を計算に入れたりするということなのではない。時計を使うということは、あらゆる時間を現在に仕立て上げる（zur Gegenwart machen）ということを意味する（Ka, 170f.）。

「今」や「現在」という時間相を時計という道具を使って手中に収めることで、日常的な我々はこの世界を我々の意のままに掌握することができ、互いに関わり合いながら日々の営みを成立させられる。しかしハイデガーによれば、このような時計の時間は、現存在が本来的にそれであり、それを生きるはずの本来的な時間とは全く異なっている。さらにハイデガーは、次のようにいう。

そこには、我々が時計を使用するのは、自然（Natur）の出来事を客観的に規定するためである、ということが浮き彫りになってくる。現存在は時計を使って世界を規定しようと試みている。なぜ現存在は時計の時間（Uhr–Zeit）で世界を規定するのであろうか。自然科学において測定されるのはどのような時間なのであろうか。時計という周期的な計算装置を使用することにはどのような意味があるのであろうか。それは今を捉えるための可能性を用意することである。しかしこのようにすることによって生は、それ自身が本来的に自らそれである時間に対する感覚をなくしてしまう（Ka, 171）。

日常的な現存在はまた、自然科学などにおいて世界（自然）を〈客観的に〉規定し知るために時計を用いる。なぜであろうか。それは時計とはこの世界の〈事物の運動〉に即し、時間という現象を〈数量〉において均質・正確に計測し得る装置であり、「時間」という現象それ自身を適確に示すものであるという理解があるからであり、またそれゆえに万物の〈公的な時間〉を示すものであるとみなす傾向があるからであるとハイデガーはいう。しかし時計が示す時間の特徴は、「今」や「現在」という時間の相への特化にあり、ハイデガーはこのような時計の時間は、時計という道具を生み出した人間の生の根源的な時間——本来的な時間——が歪曲されたものとみている。日常的な現存在が依存している時計の時間は我々の生活に便利や効率をもたらす一方で、現存在それ自身の固有の動性としての根源的な時間を蔽い隠してしまっているのとされるのである。

二　現存在の時間についての議論

前節でみたハイデガーの議論において、我々が日常、「時間」として理解している時計の時間が、人間の生としての根源的時間を本来的に反映するものではないことが示唆された。ハイデガーによれば、このような時間は不断の「今」や「現在」の平板な継起としての時間であり、それは現存在それ自身の根源的な存在可能性に関係した本来的な時間ではなく、現存在がこの世界において様々な物事と関わり合う今を基準にした時間なのである(3)。日常的な場面において時間は、世界の様々な〈事物の運動〉に即し、時間を〈数量〉において均質・正確に計測する道具である時計において捉えられるものとみなされているが、前節で示されたように、ハイデガーはそのような時間でさえも人間の〈生の動性〉としての根源的な時間に基づいていると考えている。では、ハイデガーにおいて、人間の生の時間とはどのようなものなのであろうか。本節では、本稿の主題に関係する範囲においてその議論を検討していきたい(4)。

ハイデガーは前節で取り上げた一九二五年の講演において、現存在という存在者の根本性格は「可能性（Möglichkeit）」であるという。我々一人一人は、己の生が元来もっている存在可能性をそのつど選択しながら生きている（Ka, 168f.）。すなわち、我々は本来、生の究極の可能性としての死を見据えつつ死すべきものとして己を生きていく決意のもと、己の生の様々な存在可能性のうちの或る可能性を責任とともに選択しながら生きうる。ハイデガーはこのように死の可能性を見据え死すべき己を生きんとする現存在の在り方を「先駆（Vorlaufen）」と述語化する。我々はこのように先駆的に決意して生きることによって、自ら己の「将来（Zukunft）」を存在する。つまり己の将来という時間を存在することになるのである。

またこのように生きることは、己に既に与えられている存在諸可能性としての「過去（Vergangenheit）」とともに生きることを意味するとハイデガーはいう（Ka, 169）。すなわち、我々は己自身が未だそれではないところのものになろうとすることは、己の過去を引き受けることで可能となる。ここでは我々は自ら己の過去を存在する、つまり己の過去という時間を存在することになるのだ。そしてハイデガーは、このように己の将来と過去とを存在することによって、現存在は本来的に「現在（Gegenwart）」のうちに、すなわち、そのつどの現在の生の行動のうちにいたるというのである。ハイデガーはこれらのことを次のようにまとめている。

現存在は決意している在り方のうちで己の将来を存在し、負い目あること（schuldig）のうちで〔＝己の生の諸可能性のうち、或る存在可能性を責任とともに選択しながら生きるうちで〕己の過去を存在し、行動するうちで現在にいたる（Ka, 169）。

現存在はこのようにして、将来、過去、そして現在を自らの生から、自らの生の在り方として展開しながら生きているのだ。ハイデガーはより詳しく、次のようにいう。

現存在は、そのつどの今という或る瞬間（Moment）において存在しているだけではない。現存在は己の様々な可能性と己の過去とのあいだに張られた糸全体のうちで存在している。不思議なことであるが、将来へ向かって行動するうちで、過去は生き返り、現在は消える。本来的に行動するのは、将来から生きる人々である。このような人々は過去から生きることができ、現在は自ずとつくられる。時間は私の現存在の全体性を構成し、同時にそのつどの瞬間において私の本来的な存在を構成している（Ka, ebd.）。

ハイデガーによれば、時間とは人間の外部世界に存在する客観的事象ではない。時間とは、我々が自ら存在している現象であり、現存在の全体を規定している現象である。言い換えれば、現存在（人間の生）は時間のうちに存在するのではなく、現存在の存在それ自身が時間的であるのだ。そして本来的な時間とは、「今」や「現在」という時間の相を中心とした現象ではなく、己の生の可能性の「将来」へ向かって先駆的に決意して生きることが己の生の「過去」を生き返らせ、それによってそのつどの己の生の瞬間である「現在」がおのずと生起するような全体的な現象なのである。

時間とは根源的には、人間がそのつど己として存在しようとする〈生の動性〉であり、そのような時間は、この世界の様々な〈事物の運動〉に即し、時間の現象を〈数量〉において均質・正確に計測する時計にみられる時間理解、つまり「今」や「現在」という時間相に特化した時間理解によっては十分に把握され得ない、これがハイデガーの基本的な主張である。ハイデガーによれば、「現在」や「今」という時間相は、上にみたような「将来」や「過去」という時間相と密接に連関しており、このような「将来」と「過去」とのはざまに生じる瞬間的な時間相なのである。

これらのことを一九二五年の講演の二年後、一九二七年に公刊された『存在と時間』においてもみてみよう。ハイデガーは前半のみ公刊されたこの未完の主著において、あらゆる存在者――存在するもの（Seinendes）――との関わり合いのうちで我々現存在が常に既に了解している「存在（Sein）」という現象を主題として問いつつその様々な意味を解明しようとしたが、その議論の始点として現存在それ自身の存在構造（実存論的な構造）を詳細に分析している。そしてハイデガーは、現存在という存在それ自身の時間的性格を「時間性（Zeitlichkeit）」と規定し、その本来的な在り方を次のようにいう。

決意性（Entschlossenheit）は将来的に己へ帰来しつつ、現前しながら状況のうちへそれ自身をもたらす。既往性は将来から発源し、しかも既往的な（より的確にいえば、既往しつつある）将来が、それ自身のうちから現在を放出する。このように既往しつつ―現前している将来（gewesend–genenwärtigende Zukunft）として統一的な現象を、我々は時間性と名付ける（GA2, 432）。

この引用文は難解な表現であるが、ここでは先の講演に比べて現存在の生と時間との関係がより原理的に語られている。すなわち、己の或る存在可能性の「将来（Zukunft）」へ向かって己を先んじて投じること、すなわち「企投（Entwurf）」することで死すべき己を生きんとする現存在の先駆的な決意性において、〈己が元来、様々な存在可能性をもっている現存在へと常に既に投げ出されている事実、つまり己がなぜ人間として生きる（実存する）ことになったのかの理由も知らずに常に既に投げ出されているという事実〉が明確になる（GA2, 430f.）。そしてこのような「被投性（Geworfenheit）」を自覚して引き受けることは、己に既に与えられている存在諸可能性としての「既往性（Gewesenheit）」――ここでハイデガーは、現存在それ自身の存在としての時間をより厳密に分析するために「過去」という語は使わない――を存在するという仕方で可能となるという。ハイデガーによれば、こうした仕方で存在することによってのみ、己の存在可能性の「将来」へ向かって己を先んじて投じつつ生きることは、現存在が「既往性」から己に帰り来る（zurück–kommen）という仕方で己自身に将来的に到来するというのである（GA2, 431）。

それゆえ「現在（Gegenwart）」は、「将来と既往性のうちに包み入れられている」（GA2, 434）。というのも、現在とは本来、己の可能性の「将来」へ向かってそのつど先駆的に決意して生きるなかで、既往しつつある将来それ自身のうちからそのつどの瞬間として生起するものだからである[5]。ハイデガーは、このようにしてそのつどの現在の生――己が己自身を生きる覚悟をもって物事に関わり合う状況としての瞬間――は将来と既往性によっておのずと定まると考えるのである。

このように『存在と時間』のハイデガーによれば、時間とは「将来」と「既往性」と本来的な「現在」――すなわちそのつど先駆的に決意して生きる生の「瞬間〈Augenblick〉」――とが統一体をなしている現象である。そして時間の根源的な相は己が何者かにならんとする「将来」にあり、この将来から各々の時間相が全体的・統一的な時間現象として生起するのである（ハイデガーはこれを「時熟〈Zeitigung〉」（GA2, 434f.）と規定する）。だからこのような時間は、様々なものから切り離されたいわゆる〈純粋時間〉などではなく、現存在という具体的な実存において、その在り方として成立し得る時間である。

しかしながらハイデガーは、今みてきたような時間の統一的現象は現存在の本来的な実存における本来的な時間性であり、本来的な時間性ではない日常的な時間性――非本来的な時間性――にあっては現存在の時間は異なって現われるという。そこにおいては、関わり合う物事についての仕事や用事の予定からみられた将来としての「予期〈Gewärtigen〉」と、仕事や用事が済むことで忘れ去られる過去としての「忘却〈Vergessen〉」とが、そのつどの仕事や用事をこなすことにおける「現在」と統一体をなすとされる（GA2, 447ff.）。ハイデガーによれば、こうした時間の非本来的な統一的現象においては、時間の根源的な相は物事に対処し取りかかっている「今」や「現在」にあり、時間という現象は「今」や「現在」という時間相から理解されることになるのである。それゆえ日常的な時間は、「始めも終わりもない純粋な今の継続」（GA2, 435）であり、ハイデガーはこれを本来的な時間性から派生した時間性の一つの様式として分析するのである。このことは不断で平板な今の連続である「今―時間〈Jetzt-Zeit〉」として次のように表現される。

通俗的〔＝日常的〕時間概念の特徴は、時間は今から理解されることにある。今と相関して、残りの時間性格、つまり過去と将来とが規定される。すなわち、過去はもはや―ない―今として、将来は未だ―ない―今として規定される限りは、今は通俗的時間理解において優越した役割を果たしている（GA21, 244）。

また一九二五年の講演では、このような非本来的な時間の現象が時計との関係において言及されている。

〔現存在の〕日常性は常に現在のうちに生きており、現在を見越して将来は計算され、また過去は忘却される。現在のうちに身を置き続けるというこのような傾向が、時計が存在するようになった原因である（Ka, 170）。

時計という時間の計算装置は、日常的な現存在の時間性（非本来的な時間性）と密接に関係しており、非本来的な時間性における時間の理解から生み出され、その時間理解を反映している道具である。時計はそのつどの「今」を基準とし、将来を未だ来ない「今」、過去をもはや過ぎ去った「今」として表示する。これによって時間の現象は不断の「今」の平板な継起、今―時間とみなされる。そしてこのような時間は、生の固有の動性としての根源的時間ではなく、己がこの世界において関わり合う物事への仕事の今を基準にしている時間なのである。

三　時計が示す時間と、人間の生としての時間

さて、ここまで時計が示す時間の特徴とハイデガーにおける時間についての議論をみてきた。本節では、これまでの議論をまとめつつ、ハイデガーの議論に即しながら「時間」という現象について考察してみたい。これまでの議論からみてとれるように、ハイデガーの見解に従うならば、時計にみられる時間の理解は日常的な現存在の非本来的な時間性に属する理解ということになる。なぜなら時計の時間は、この世界の様々な〈事物の運動〉に即し、時間という現象を〈数量〉において均質・正確に計測する時間、すなわち「今」を基準として不断の

「今」や「現在」の平板な継起からみられた時間であり、それは己の存在可能性に関係する人間の〈生の動性〉としての根源的な時間ではなく、人間が世界（自然）において関わり合う物事への仕事や用事の今を基準にみられた時間だからである。

さらにハイデガーは、このような時間の特徴について次のように指摘する。

時間が、世界、自然、創造された存在者と連関してみられる場合、それは今―時間（Jetzt–Zeit）として理解されている。すると時間的とは、「時間のうちへと」落ち込みつつ、「時間のうちで」流れ行きつつ、という謂いである（GA21, 249）。

このような時間理解においては、時間は世界（自然）における〈公的な現象〉としてみなされ、世界の事物や物事はこうした〈時間のうちに〉存在しているものと捉えられる。しかしこれまでみてきたハイデガーの議論によるならば、そもそも時間それ自身は人間の生を離れては存在し得ない。ハイデガーは、「時間は、世界の出来事の枠組みとして外部のどこからか現われるものではない」という（GA20, 442）。ハイデガーは『存在と時間』などにおいて、事物や物事が〈時間のうちに〉存在するこのような時間的規定性を「内時性（Innerzeitlichkeit）」（GA2, 440, GA24, 334）として規定する。確かに事物や物事は、〈時間のうちに〉存在するものとして我々に出会われ、そのつどの今において関わり合いの対象となる。それは人間の生の本来的な時間性においても、また非本来的な時間性においても同様である。だが時計にみられる時間理解の場合、世界の事物や物事がこうした〈時間のうちに〉存在するということが自明視され、それを支えている根源的な時間、すなわち〈生の動性〉としての現存在の時間性は隠蔽されてしまっている。我々現存在の存在が時間的であるがゆえに、事物や物事がその〈時間のうちに〉存在するものとして出会われるのだ。「我々が空間的・時間的に規定する自然の運動は、蝶番の「なかで」行なわれるように「時間のなかで」経過するのではない。…〔中略〕…こうした運動は、我々自身がそれである時間の「うちに」入って出会われるのである」(GA20, 442)。

このような不断に到来し過ぎ去っていく「今」を基準としてみられた時間、不断の「今」や「現在」の平板な継起からみられた時間、万物を包みこんでいる〈公的な時間〉、こうした時間の理解とは、実は日常的な現存在の非本来的な時間性の産物であるというのがハイデガーの主張である。彼はこのような時間理解は、時計という時間の計算装置の原理であり、時計が示す時間に従って毎日を生きる我々現代人の時間理解となっていると考える。

こうした分析を踏まえて、ハイデガーは時間の学問的考察について次のように指摘する。

> 歴史以外に様々な自然のなりゆきも「時間を通して」規定されるのであれば、「それのうちで」出会われる存在者が出会われる「ところ」の時間は、なおさら必然的に根本から率直な分析に値する。しかしながら、歴史と自然とについての諸科学においては、「時間の因子」が現われてくるという事情よりも一層基本的なことは、現存在が一切の主題的探究に先立って既に「時間を見計らっており」、時間に則っているという事実である。そしてこの事実においてまたも決定的なことは、現存在が「己の時間を見計らい考慮に入れている」ということであり、そのことが時間を明確に規定することを目指してつくられている測定器具(=時計)の一切の使用に先立ってある。前者が後者に先行しており、そして様々な時計の使用ということをはじめて可能にしている(GA2, 534)。

ハイデガーの議論に従えば、時計はすべて——日時計や水時計、また機械式時計やクォーツ時計や原子時計にいたるまで——この世界の〈事物の運動〉に即して数量的な時間を時刻として示す装置である。すなわち時計はこの世界の様々な〈事物の運動〉に即し、時間という現象を〈数量〉において均質・正確に計測する時間の計算装置として作られている。従って時間に関係する事象を学問的に考察する際に重要なことは、日常的な現存在の非本来的な時間性に由来するこのような時計が示す時間を前提にすることではない。ハイデガーは、時間に関係しているあらゆる学問（自然科学だけでなく、歴史学などの諸学も）は、現存在の存在可能性に関する〈生の動性〉としての根源的時間に常に既に基づいているのであり、それゆえにこうした学問においても、現存在における生の根本運動としての時間性の分析を踏まえなければならないと主張するのだ。さらにハイデガーは時計についてこのようにいう。

時計それ自身のうちに時間は存在しないが、しかし「今」と言うことによって、我々は時間を前もって与えており、そして時計は我々に今がどれくらいかを与えている（GA24, 348）。

時計の示す時間は、「今—時間」としての現存在の非本来的な時間性に基づいている。それゆえこの「今—時間」における時間の理解が時計という道具の原理である。ここでいう時計の原理とは、例えば機械式時計におけるゼンマイや歯車の作動原理やクォーツ時計における水晶の振動原理などといった物理的・物質的な原理ではない。この時計の原理とは、そのような物質を組み上げて時計という時間の計算装置を形成している我々人間の時間理解そのものを指している。それゆえこのような原理は、ハイデガーによれば、現存在の非本来的な時間性に立ち返ることでその性格がはじめて明確に捉えられ得るのだ。

このように、時計という時間の計算装置の原理をなしている時間理解は、今日の我々が日常的に無自覚のうちに従っている時間理解である。我々は日常的に、人間の生の動性としての根源的な時間を——その自覚がないまま——隠蔽しているのであり、時計が示す時間に埋没して生きているとハイデガーはいうのである。我々はこうした時間理解のうちに常に既に生きており、それゆえに日常生活において「時間」とは何かと主題的に問うことはまずない。なぜなら時計が「時間」というものを教えてくれると思うからである。

時計のこの計測は、我々にとって極めて自明なものとなってしまっているので、我々は時計をみるとき、いかなる諸前提の世界がそのなかに横たわっているのかに全く気が付かない（GA27, 189）。

しかしハイデガーの時間についての議論は、人間の生の在り方を深く掘り下げることで、時間という現象をより深く、多角的に考察するための一つの視座を提供してくれる。彼によれば、時計が示す時間という一見、時間理解として自明であるように思われるものは、実際には、人間による時間の特定の理解様式とその歴史の産物として我々の前に現われているのだ。

さらにこうしたハイデガーの思惟は、「時間の起源」という問題にも迫る。ハイデガーは時計のようにこの世界の事物の運動に即するのではなく、人間の生の在り方に定位して時間を分析することで、生の動性（現存在の時間性）を根源的時間として思惟し、そこに時間のありか、時間の起源を見出しているのである。

このようなハイデガーにおける時間についての議論は、今日の時間の「科学的・理論的な知」の基礎ともなっている時間、すなわち、世界の〈事物の運動〉に即し、時間という現象を〈数量〉において均質・正確に計測する時計の時間、不断に到来し過ぎ去っていく「今」を基準としてみられ、不断の「今」や「現在」の平板な継起からみられた時間、万物を包みこんでいる〈公的・客観的な時間〉という時間、このような時間理解が、実は現存在としての人間の生の在り方に基づいていることを指摘していることに一定の意義があろう。ハイデガーによれば、時間という現象は根源的には人間の〈生の動性〉として、我々の生それ自身の在り方であって、またそのようなものとして根本的に理解され得るものなのである。そしてこうした今日の時間の「科学的・理論的な知」

の基礎ともなっている時間理解は、現存在の本来的な時間性から派生した日常的な非本来的な時間性に基づくとされ、それは人間の〈生の動性〉を隠蔽している時間理解と位置付けられることになる。

従ってこのような人間の〈生の動性〉としての根源的な時間は、従来の「科学知・理論知」の手法によっては決して捉えられ得ない。ハイデガーによれば、それは人間の生の在り方を内的に思惟することを通じて「知」として明らかになり得るのである。このような根源的な時間を知るには、従来の「科学知・理論知」の手法とは異なる「知」の手法が必要なのだ。そしてこのようなハイデガーの思惟の視座から考察されるべきは、日常的な時間理解を人間の生の時間性に遡って明らかにすること、そしてそれを人間の生の本来的な時間性と比較検討することで、時間についての新たな知を探究することである。このように我々の日常的な時間理解を照明し、その射程や限界を詳細に見定めること——その時間理解の性格を明確に確認すること——は、我々に時間についての新たな知の可能性を拓く第一歩となり得ると思われるのである。

ただし、そこには問題もある。例えば我々の日常において、現存在の存在可能性に関係する〈生の動性〉としての根源的な時間それ自身——人間の時間——が、どのような機構によって世界の様々な〈事物の運動〉における〈数量〉としての時間——時計の時間——としても現象するようになるのかが問題となる。しかもハイデガーによれば、後者の時間理解は前者の本来的な時間性から派生した非本来的な時間性に基づいている時間理解と位置付けられる。だがはたしてこのように言い切れるのであろうか。例えば中島義道は、ハイデガーのいうような人間の〈生の動性〉としての時間について、それは「時間の純粋形態」などではなく、「ある独特の状態における心の状態にすぎない」として批判する。(6) しかしハイデガー自身は、時間についての議論を様々に展開しながらも、このような問題に対する議論を十分に示すにはいたらなかった。(7)

おわりに

一九二〇年代のハイデガーにおける時間についての議論は、独自の興味深い洞察を有しているが、本稿ではその主題に合わせて、そのごく一端を検討したに過ぎない。しかも第三節の最後にも触れたように、彼による時間の分析は完遂されたものではなく、多くの課題や問題が残されたままになっている。

例えば、〈人間の時間〉と〈時計の時間〉との差異とは、〈主観的時間〉と〈客観的時間〉との差異、あるいは〈心理的時間〉と〈物理的時間〉との差異ではない。ポール・リクールは『時間と物語』の日本語版への序文において、ハイデガーの時間論を現代の「時間の宇宙論」である「現代物理学」に対する「時間の現象学」として捉えている(8)。しかし既にみてきたように、厳密にいうならば、ハイデガーにおいて時間は〈心理的時間〉—〈物理的時間〉というような二元的図式において議論されていない。加えてハイデガーのいう時間は、従来の「科学知・理論知」の範疇には収まらないし、また単純な意味での「感性知・経験知」の枠内においても語ることはできないのものである。

このようなことがらをより立ち入って考察することは、本稿の域を超えることになる。だが本稿での考察によって、「時間」という謎の多い現象の一端に光をあてることができたならば、本稿はその目的を達成したといえるだろう。

[註]

・ハイデガーの著作は、ハイデガー全集（Martin Heidegger Gesamtausgabe, Vittorio Klostermann, 1975—）に収録されている公刊著作や講義録や講演原稿の他、現在全集に未収録の講演原稿も用いた。引用や参照箇所の指示に際しては、以下の略号を用い、頁数をあわせて表記する。

GA2　*Sein und Zeit* (1927)
GA20　*Prolegomena zur Geschichte des Zeitbegriffs* (1925)
GA21　*Logik. Die Frage nach der Wahrheit* (1925/26)
GA24　*Die Grundprobleme der Phänomenologie* (1927)
GA26　*Metaphysische Anfangsgründe der Logik im Ausgang von Leibniz*（1928）
GA27　*Einleitung in die Philosophie*（1928/29）
GA64　*Der Begriff der Zeit*（1924）
Ka　Wilhelm Diltheys Forschungsarbeit und der gegenwärtige Kampf um eine historische Weltanschauung, 10 Vorträge (Gehalten in Kassel vom 16. IV-21. IV. 1925), in : *Dilthey-Jahrbuch für Philosophie und Geschichte der Geisteswissenschaften*, Bd. 8, Vandenhoeck & Ruprecht, 1992—93.（1925）

著作名に続く最後の丸括弧内の数字は、公刊年、講義年、講演年を表す。

（1）　本稿の主題は、一九二〇年代のハイデガーにおける時間の思惟に即しながら、日常的・伝統的な時間理解を体現している時計を一つの視点とすることで、時間という現象の一端を照明することである。ハイデガーは自身の議論を展開するにあたって、フッサールから独自に学び取った現象学（Phänomenologie）の方法を用いている。時間についての現象学的な議論の先駆としては、このフッサールによる研究（Husserl, E., *Zur Phänomenologie des inneren Zeitbewußtsein*, Husserliana Bd.X, M. Nijhoff, 1966）があるが、本稿ではフッサールの議論は扱わない。また時間と時計との関係についての研究としては、森一郎「時計と時間」、『東京大学哲学研究室 論集』第十一号所収、一九九三年、七一―九一頁などを参照されたい。

（2）　ハイデガーは一九二八年の講義において次のようにいう。「時計の使用の本質に属しているのは、もし私が時間を読み取れば、私は「何時ですか」とは問わず、「私にはどれくらい時間がありますか〔＝私は～するのにどれくらい時間をもっていますか〕」と問うことである」（GA26, 260; vgl.GA2, 550）。日常的に我々は「己の時間を勘定に入れて」生活しており、時計をみることは、我々が日常生活の用事や仕事をこなすよう、〈己のために時間をとる〉という性格をもっている。

（3）　ところで西洋哲学史上はじめて本格的な時間論を展開したのはアリストテレスである。彼は『自然学』において、「時間（χρόνος）とは、〔事物の〕運動（κίνησις）ではないが、〔事物の〕運動なしには存在しないことは明らかである。…

〔中略〕…しかるに、時間は運動ではないのであるから、それは運動の何か（κινήσεώς τι）であることは必然である」（*Physica*, 219a1-10）という。そこからアリストテレスは時間を「より前とより後とに関しての運動の数（ἀριθμὸς κινήσεως κατὰ τὸ πρότερον καὶ ὕστερον）」（*Physica*, 219b1-2）規定するのであるが、ハイデガーは一九二四年におこなった講演「時間の概念」において、アリストテレスの当該箇所（Physica, 219a1—10）を引用しつつ、時間はアリストテレスによって既に自然の在り方の根本様式との関係においてみられていたこと、また時間それ自身は運動せず、何らかの仕方で事物の運動とともに振る舞うものとしてみられていたと解釈している（GA64, 109）。

（4）ハイデガーにおける時間のついての議論に関しては、ハイデガー研究者によって多数の研究がなされている。紙幅上、これらの研究を詳しく検討することはできないが、Kisiel, T., *The Genesis of Heidegger's Being and Time*, University of California Press, 1995, pp. 315—361 ; Thomä, D., *Die Zeit des selbst und die Zeit danach, Zur Kritik der Textgeschichte Martin Heideggers 1910—1976*, Suhrkamp, 1990, S. 144—161は、ハイデガーの時間論の成り立ちを追った研究である。また Richardson, W., *Heidegger. Through Phenomenology to Thought*, Fordham University Press, 2003, pp. 85—90は『存在と時間』における議論を中心に論じている。ハイデガーの時間論のより立ち入った研究としては、Pöggeler, O., *Neue Wege mit Heidegger*, Karl Alber, 1992, S. 63—72, 115—141 ; Pöggeler, O., *Heidegger in seiner Zeit*, Wilhelm Fink, 1999, S. 39—55を参照されたい。

（5）「今」や「現在」は、そのつどの「瞬間」として現象する時間相であり、それゆえ「今」や「現在」は、それ自身のうちに同一性と差異性とを有している。

（6）中島義道『時間を哲学する——過去はどこへ行ったのか』、講談社、一九九六年、三八頁。ハイデガーは、現存在の時間性とは〈生の動性〉であり、現存在の在り方そのものであると捉えている。その意味においてこの時間は、〈人間の時間〉である。仮に中島のいうように、仮にこの時間が「時間の純粋形態」ではなく「ある独特の状態における心の状態にすぎない」としても、それは世界の〈事物の運動〉を計測し、時間という現象を〈数量〉において示す〈時計の時間〉とは全く異なる。というのは、時計がこのような「時間の計算装置」であるならば、「心の状態」というものを「事物の運動」と同様に計測し、時間という現象を示すことは不可能だからである。

（7）ハイデガーは「存在（Sein）」を自らの思惟の主題として問い続けた哲学者である。彼が未完の主著『存在と時間』で示した存在論の構想——「普遍的な現象学的存在論」（GA2, 51）——によれば、現存在とは存在者（存在するもの）との関わり合いのうちで「存在」という現象を了解している特別な存在者である。それゆえハイデガーによれば、存在論の根拠はこのように「存在了解」している現存在にあり、それの分析が存在論の始点となる。このような現存在の存在構造の分析は、まず存在了解している現存在それ自身の存在性格を時間性（Zeitlichkeit）の諸様態において露わにし、さらにそこから存在一般の時間的性格（テンポラリテート：Temporalität）の諸様態を照明するはずであった。しかしながら、こうしたテンポラリテートについては、『存在と時間』でもその後の議論でも明確に論じられることはなかった。従って本来ならば、時計の時間とテンポラリテートとしての時間との関連が、本稿のような時間の考察において中心に論じられるべきであったろう。

（8）ポール・リクール『時間と物語Ⅰ』、久米博訳、新曜社、一九八七年、ⅱ頁。こうした時間の二元的区別の問題やその解消の試みとしては、伊藤俊太郎「存在の時間と意識の時間」、『東京大学公開講座 31 時間』所収、東京大学出版会、一九八〇年、三―四二頁、木村敏『時間と自己』、中央公論社、一九八二年、三二―六二頁なども参照されたい。

前期ハイデガーは、時間の議論において大きく四種類の「時間」を挙げている。すなわち第一に、実存する現存在の存在性格としての「時間性（Zeitlichkeit）」、また第二に、その分析を通して露わになる存在一般の時間的性格とされた「テンポラリテート（Temporalität）」、そして第三に、この世界の事物の運動に即して時間を数量化する時間理解で、現存在の本性的な時間性から派生した非本性的な時間性に基づく時間理解と位置付けられる「時計の時間（Uhr-Zeit）」、さらに第四に、たんなる「止まれる今」としてではなく、現存在の時間性より一層根源的で「無限な」時間性としてしか理解されないとされる「神の永遠性（Ewigkeit *Gottes*）」（GA2, 564 Anm. 7）である。本稿では、第一の現存在の「時間性」と第三の「時計の時間」との関係についてみてきた。最後の「神の永遠性」については、ハイデガーは「仮に神の永遠性が哲学的に「構成」され得るすれば」という条件を付けて指摘するに止めており、これについて踏み込んだ議論をすることはない。しかしここでハイデガーは、神を時間的であるとし、神をその時間性においてみている。

先史の現場から
――ラスコー洞窟壁画「歴史知」的視座

川島祐一

歴史知研究会が発足して10年になるという。歴史知本第三弾である本書にはそれを記念する「コラムを掲載するので、一本書いてみませんか」と事務局の米田祐介氏よりお話を頂戴した。研究会へは学部3回生の時から参加しているので、比較的長いお付き合いになる。何より、当時研究会の会長を務めていた石塚正英氏は立正大学の先輩であり、研究会へ参加しておよそ2年後には東京電機大学での修士課程の指導教授として学恩を受けている。是非、書かせて下さいと即答した。さて、そうは答えたものの何を書こうか。研究者ではないわたしは思案した。高等学校で講師をし、世界史を教えていた経験を活かしたものにしよう。世界史の導入で関心をひくために、歴史知を用いる事ができるのではないか。そう思い至った。実際に授業を行なうには、更なる熟考が必要であろうが、試案として著わしてみた。ここで扱うのは、「先史の現場」である。

フランスの西南部ドルドーニュ県、ヴェゼール渓谷のモンティニャック村の近郊にユネスコの世界遺産に登録されている先史時代（オーリニャック文化）の洞窟壁画ラスコー壁画がある。描かれた動物を目にすると、その描き手が二律背反に直面していた事が理解できる。

これを描いたのは、クロマニヨン人と総称される4～5万年前の人類であるとされる。身体の保護と体温調節のために木の葉や獣の皮をそのまま身に着けて衣料とし、その後、文明が発達するとともに、毛皮や樹皮から繊維や布をつくりだした。また、羞恥・威厳・礼儀・装飾などといった文化的観念を育成するにしたがい、複雑化していった。

そんな彼らが、宗教的・農耕儀礼のもとファナティックに描いたのがラスコー洞窟壁画である。

しかし、それらの意味は時間の風化作用によってことごとく消え失せて、ただ残されているのは芸術作品としての意味となっている。少なくとも、主たる関心となっている。彼らの残した芸術作品は、一切の呪術的意味を超えて、直接わたしたちの心を捉える。

ここで思うのは、わたしたちに圧倒的な感動を与える要因である。静止した画面に定着することで、初めて享受可能になっているのではないかということである。速すぎる運動は、わたしたちの視覚能力を超え目に留まらないが、逆に遅すぎては運動の印象が薄れる。この二律背反を意図的ないし偶然的に彼らの芸術作品は乗り越えたのではなかろうか。このように芸術は、わたしたちの経験的制約が課すさまざまの二律背反を克服する。

いうまでもなく洞窟の中は真っ暗である。描くとき見るとき松明を用いたことだろう。松明の明かりは洞窟の岩肌を揺らめく。想像してほしい。描かれた動物たちも揺らめいて見えるはずだ。おそらく動くはずのない画が、あたかも魂をもつように、活き活きと動いていることに彼らは狩猟の場をイメージし「物語」（animation）を畏敬の念とともに思い浮かべたことだろう。

別の例として人形劇を挙げてみる。人間が演じる代わりに、わざわざ人形で演じるのはなぜか。手間を考慮するとずっと面倒なはずだ。しかも、どう巧く演じたところで人間そっくりになるはずもない。人形の方が、動ける要素の制約はずっと多い。

実は、この制約によって、経験する情報を限定し絞り込むことこそが重要なのだ。わたしたちの注意力はこの圧縮された動きへと集中できる。生身の身体の場合、無駄な動きへも注意が向いてしまうのに対して、巧みな人形操作の方がよりリアルに見えるという逆説が生じるのだ。

洞窟壁画の事例のように「静止画」と「動画」の間の揺らめき、人形劇の事例のように「バーチャル」にこそ「リアル」を感じるという現相。このような「二項対立の〈交互的運動〉」こそ、石塚正英氏が『歴史知と学問論』（社会評論社）において「衣食住をととのえて日々を生き抜く日常生活者の思想と行動」、「この日常生活は、過去から現在、現在から未来へと連なる時間的経過、歴史的現実から成立している。そのような歴史的現実の只中で成立してきた知」「歴史知」である。

以上が「歴史知的」視座から世界史の授業を行なうとしたらの試案である。他人に耳を傾けてもらえるように話ができるために必要なのは、事実の羅列ではなく個々の出来事の中に、何らか他人に共感でき興味をひける普遍的意味を感知することである。事実の論証の一つ一つを表現するには確かに時間的順序（通史的）というものが必要であり、原理的には一目で一瞬に見てとる（問題史的）ことも可能だろう。つまり、意味の表現は、単に「客観的世界」だけの出来事ではなく、主体をも巻き込んだ「物語」なのである。そう思うのだがどうだろうか。

第7章

ニーチェの歴史的人間観

――ライプニッツとの比較を通して見えてくる、理性による脱神話化の必然的帰結

本郷　朝香

序　文

とかく既存のものを破壊するという印象のみが先行しがちなニーチェを、哲学史的にどのように位置づけるか、解釈者は常に試されている。

一般には、意識／理性をも無意識／身体の支配に下るとして、西欧の伝統的な人間観を転倒せしめた彼の理性批判の面ばかりが強調されがちだが、(1) ではニーチェが意識の背後にあるものを対象とした生理学、心理学の方向から人間の本質に迫ろうとしていたのかというと、ことはそう単純ではない。ニーチェが批判対象とする「既存のもの」の内容は、形而上学的実体論、目的論の場合もあれば、合理論、機械論、さらには経験論、功利主義、はては相対主義にも及び、あたかも彼は自身の足場を残すまいと可能性を一つ一つ潰していっているかのような感さえある。読者もまたニーチェとともに歩む限り、決して終局点を得ることは叶わないのである。

ニーチェの批判対象の多くについて、各々その内部ではある種の論理的必然性と一貫性を備えているという意味では広義の理性に包含されるであろうし、ニーチェ自身の批判も、それが正当な批判足り得るためにはやはり論理的一貫性を必要とするという意味では、彼は一度たりとも理性から離れたことは無かったとも言い得る。ただしその場合、理性によって理性批判を行っていることになり、少なくともニーチェにとって、理性には上記の多様な観点およびニーチェ自身の観点に共通する特徴があると同時に、ニーチェの拠って立つある独特の側面があることになろう。

ニーチェの理性と、その他多くの理性。この両者の共通項と相違点を見出すことができれば、彼が文脈によって主張を変え、その主張に従えば、ときにプラトン、ときにカント、またヒューム、そしてライプニッツなどとニーチェを接続することが可能になる理由もまた見えてくるだろう(2)。

本稿では、一般にあらゆる意味でニーチェと対極に置かれがちな、合理主義者の頂点に立つ哲学者の一人ライプニッツと、ニーチェとの共通点を手がかりに、しかし最終的にはライプニッツからも外れる「ニーチェの拠って立つ理性」をあぶり出し、この理性の行き着く先として必然的に顕現してくるものがニーチェの歴史観ではないかという見通しを元に考察を行う。

一　ライプニッツとニーチェの世界観の比較

モナドロジーの世界観

実体を、固有な観点から、世界の多様性を己のもとに統一してゆく原理そのものとして構想するとき、一なるものとしてのこの実体は結果的に、それ自体拡がりを持たぬ形而上学的点（『実体の本性と実体相互の交渉ならびに心身の結合についての新たな説』／以下『新説』11節）となる(3)。とはいえモナドの本性は、点であることにではなく(4)、それがエンテレケイア（『モナドロジー』18節）として性格づけられていることからも窺い知られるように、自己展開しつつ他との関係を実現してゆく活動そのものにあるというべきであろう。

まず魂に関して。従来、特にデカルトにおいて顕著であるが、魂における意識のみが実体と規定されていたのに対し、ライプニッツはモナドの内的性質について、意識表象と同程度の重要な地位を、「混雑した表象」としての微小表象にも与えることにより、持続的な自己の定立を試みたのであった。微小表象を表象として保持することはライプニッツにおいて、個人の関わる出来事のうち、個人の視野からは偶然としか判断し得ない出来事をも、個人の主語に分析的に含ませることを意味する。(5) これは「思考の真理」（必然）に対して現前してくる、人間の理性では説明し得ない「事実の真理」（偶然）を（『モナドロジー』33節）、「何ものも理由なしには存在しない」という「充足理由律」の視点からすくい上げ、偶然と必然の両者を一回り大きな必然で包み込むこととも言える。(6) 上記の理論は目的因と作用因をつなぐ際にも適用される。(7) ライプニッツは、世界における非合理なもの、異質なもの、断片的なものを許さない。これら全てを合理的かつ連続的に、「豊富な結果をもたらす簡潔な手段」（『形而上学叙説』第5節）でもって説明し切ろうとする。それを可能にするものは神、ではなく、むしろ神を終局理由と置くことで可能となる「連続律la loi de continuté」と言うべきであろう。そうでなければ、(8) 弁神論の同じ枠内においても、デカルトの心身二元論やマールブランシュの機会原因論をライプニッツが退けた（『新説』12節）理由を説明し得ないし、その点を見逃せば、結局のところニーチェとの根源的な繋がりも見えてはこない。

力への意志の世界観

後期ニーチェが唱え始めた「力への意志Wille zur Macht」は、まずは人間を中心としてあらゆる生物が持つ他者への支配欲として語られる。(9) 支配とは他を強制的に自身のもとへ引き寄せることであり、しばしば生物が獲物を捕食する有様に例えられもするが、これは結局、固有な立場から環境に対して、特有に反応することへと敷衍される。「あらゆる力の中心Kraftcentrumは残余のもの全部に対して己のパースペクティヴを、換言すれば、己の全く特有の価値評価、己の作用の仕方、己の抵抗の仕方を持っている」（KSA13.14［184］）とあるように、支配は、固有なパースペクティヴから他を解釈することをも含む広い概念であることが分かる。引用で「力」が「力への意志Wille zur Macht」のMachtではなく、Kraftとなっているのも、支配の意味内容の拡大に関わるだろう。(10)『善悪の彼岸』（1886／以下『善悪』）36節にも以下のような記述が見られる。

「次のことを前提する。——欲望と情熱の我々の世界を除いて、いかなる所与もない。（中略）以上のことを前提としたとき、この「所与」が、その同類のものから、いわゆる機械的な（ないしは物質的な）世界を了解するには不十分であるかどうかを問い、探求することはできないものだろうか？（中略）我々は意志の因果関係を信じるか？（中略）それならば、我々は意志の因果関係を唯一の因果関係として仮定せねばならない。（中略）一切の機械的現象は、その中に力Kraftが働いている限り、まさに意志の力Willenskraftであり、意志の作用である。——こうしてついに、もし我々の全衝動生活を意志という唯一の根本形態の（すなわち私の命題に従えば力への意志の）形成および分岐として捉えることができるなら、（中略）これによって、一切の作用する力Kraftを一義的に「力への意志Wille zur Macht」として定義することができる。」（KSA5.54―55）

ここでニーチェは、物理現象において働く「力Kraft」をも、意志の「力Macht」から解釈できるのではないか、という思い切った仮説を立てている。

人間における力への意志の在り方に目を転じた場合、一つの自我は一つの力への意志に相当するものではなく、我々が何かを意志するときには、己の内部の下位の諸意志へと命令することであり、したがって我々は意志の複合体として常に命令者であると同時に服従者である（KSA5.32―33）。しかし「我々はこの二重性を「自我」という総合概念によって除去しごまかしてしまう習慣を持っている」（同）とニーチェは指摘する。主体における命令者と服従者という二重性は、単一もしくは少数の命令者と、複数の服従者という社会構造になぞらえられるが、「主体を一つだけ想定する必然性はおそらくあるまい。おそらく多数の主体を想定しても同じく差し支えあるまい。それら諸主観の協調や闘争が、我々の思考や、総じて我々の意識の根底にあるのかもしれない。支配権を握っている［諸細胞］の一種の貴族政治？」（KSA11.40［42］）といった仮説においてニーチェはさらに、この支配者（意志／意識）は実は被支配者（諸意志／無意識）に依存しており、無意識内での諸意志の協調と闘争の結果が意識に上ってくるに過ぎないのだが、にもかかわらず意識はその順序を逆にして、自身こそがあらゆる意志や感覚や決定の出発点であると思い誤っているのではないか、という可能性を提示する。

二　ライプニッツとニーチェをつなぐもの

偶然と必然の乖離問題への取り組み

既述のように、ライプニッツは「事実の真理」としての偶然を、神の視点からの一回り大きな「思考の真理」としての必然に取り込むことで、両者の乖離を解消する道を採用した。ここに我々は、信仰と合理性とが見事に調和し合っている例を見る。

しかし近代人ニーチェにとって、偶然への対処は、ライプニッツとは比較にならぬ程焦眉の課題となっている。既に『反時代的考察』（以下『反時代』）第2篇（1874）「ラファエロのごとき人物が三十六歳の若さで死なざるを得なかったことは道徳を侮辱する」（KSA1.310）という発言から伺えるように、「そうあるべきではなかった」当為に対し、「そうであった」事実は、どこまでも「残忍な真理」（同）であるという実感から発せられたものであった。「なぜラファエロほどの人物が若くして死なねばならなかったのか」という問いは、偶然的事実を前にしたときに理性が避けて通れぬ問いであり、そのような理性の要請としてはニーチェも、「事実がなぜこうであってそれ以外ではないのか」（『モナドロジー』32節）と問うたライプニッツ哲学と同じ出発点に立っていると言える。しかしライプニッツのように、「充足理由律」によって偶然的事実を世界に回収する道は、ニーチェには閉ざされている。後に詳述するが、端的に言って、ニーチェの世界観においては「神は死んだ」からである。これが一時的な関心でなかったことは、9年後の『ツァラトゥストラ』第2部（1883）「救済」の節の「『そうであった Es war』これが意志の歯ぎしりであり、この上もない孤独のうちの悲しみである。意志は、既に起こったことに対しては無力であり、――過去の一切に対して怒っている傍観者である」（KSA4.179―80）という嘆きを見れば明らかであろう。(11)

さて、「救済」の節の出だしで、「民衆の内の盲者やせむしに対し奇蹟を起こしてやるなら、民衆もよりツァラトゥストラを信ずるようになるだろう」と言う者に対し、ツァラトゥストラは「もしせむしからその背のこぶをとるなら、それはその者の精神を取り去ることになる」（KSA4.177）と反論し、個々人にとって体の一部が欠けていることなど問題とするに足りないと一蹴する。「最も問題なのは」と、続けるツァラトゥストラの目撃談の方が、なるほどはるかに異様である。「私は自分の目を信じることができなかった。二度、三度見た末に、私は言った。〔これは一つの耳である。人間大の耳である〕。なお目を凝らして見ると、まことにその耳の下に何ものかが動いていたが、それは哀れにも小さく、みすぼらしく、痩せていた。実際その巨大な耳は一つの小さい細い柄に乗っていただけだったのだ。――その柄がつまり人間だった」（KSA4.178）。このように、一つのものだけを過度に持っているがその他一切を欠いている「逆転した不具者umgekehrter Krüppel」（同）の蔓延こそが人間の問題であるとニーチェは見なすのである。「断片とばらばらになった手足、残酷な偶然の戯れ――だが人間はどこにもいない」（KSA4.178―179）。

人間の断片性はしかし同節で切れ目なく、出来事の断片性、それどころか過去そのものの持つ側面として展開され、既出の引用、「そうであった」という動かしがたい事実への憂悶へと繋がってゆく。これは見過ごしにできない点である。人間の断片化と世界の断片化が同一事態であると、ニーチェが捉えていることを示すものだからだ。

再度『反時代』に戻れば、この観点は既に近代の学問（科学）的認識の専門分化と手を携えた「人格性Persönlichkeit」の弱まりとして打ち出されていたものであった。(12) 認識者は対象の事実認識に没頭すればするほど、それら諸事実を全体として取りまとめ解釈することを忘れ、認識領域はますます瑣末で専門的な領域に限られてゆくが、これらの事態は、対象を統一的に形成する主体性の弱まりを証するとともに、継続するうち更なる主体性の弱まりを招来する。したがって「救済」の後半にツァラトゥストラは自身の切願をこう語るのである。「断片であり、謎であり、残酷な偶然であるところのものを、一つのものに凝集し、総合すること、これが私の努力と創作の一切なのだ」（KSA4.179）。

その直後、「意志に、過去へさかのぼって意欲することをも教える者は誰だろうか」と問う段になって、ところがツァラトゥストラは不意に驚愕したような目つきになり口をつぐむ（同）。

合理性の追求

それほどまでに、ツァラトゥストラ＝ニーチェにとっては事実と意志、事実と当為との溝は容易に架橋できぬ深刻な問題となっていることを示す箇所であろう。

問題となる不条理な事実について、ニーチェは最終的に「力への意志」という概念で立ち向かうことになるのだが、まずはその概念に至るニーチェなりの必然性と、その過程を追ってゆくことにしたい。

多くの研究者が指摘してきたように、デカルト的な序列における主体の意識と無意識の関係を逆転させ、無意識領域の働きの重要性を説いたという点、しかも意志の、無意識領域の諸意志からの影響の無知を指摘することで、従来的な主体の外部にのみあると考えられた他者を主体の内部に招き入れ、主体は既に内なる他者に侵食され尽くしていることを示唆したという意味で、主体、自己、意識といったものに脱自性を与えているという点については、ニーチェの力への意志の世界観はモナドロジーに通じるものがある。

それにしても、特に物理現象にも意志を適用するなどという方法は、作用因と目的因をつないでみせるライプニッツのように、一回り大きな神の理性で保証された枠内でのことではないだけに、かえって奇妙で神秘的な印象を与える。ニーチェ自身も、このことについて無頓着だったわけではない。上記引用『善悪』36節内で彼はこうも言う。「ただ一つの因果関係で解決するという試みがその最後まで（あえて言うなら愚かしさにまで）追及される以前に、様々の種類の因果関係を取り入れることはすべきではない」（KSA5.54）。つまり、一方でこの試みの愚かしさ、非現実性を冷静に自覚しているのである。にもかかわらず、「この試みは、ただ許されてあるばかりではなく、むしろ方法論の良心 Gewissen der Methode から言って、命令されてあるに等しい」（同／傍点はニーチェの強調部分）と主張する。複数の仮説を援用する前に、ただ一つの仮説を突き詰めてみるべきだという主張は要するに、物事の説明に不必要な仮説はなるべく削るべきであるという「オッカムの剃刀」にまで遡行し得る、伝統的な学問上の立場を踏襲してのことと見ることもできよう(13)。ライプニッツもこうした立場を採ればこそ、「最小の労力」で説明し得る原理として「連続律」を主張したのであろうし、ニーチェの生きた19世紀は、ダーウィンやマッハによってこの立場が「思惟経済論die Ökonomie des Denkens」として特に華々しく復活した時代でもあった(14)。ニーチェもまた、現象を力への意志から説明することは、自己保存の欲求からの説明に比べ、無用な目的論的原理を挿入していない「原理の節約Principien—Sparamkeit」（KSA5.28）であるがゆえに、優れていると語っている(15)。

　ただし、ただ一つの仮説を極限まで追及する試みが方法論の良心からの要請であるというのは、真偽問題とは別のレベルの発言であることに注意したい。ニーチェは思惟経済の立場を、学問上の倫理の観点から採用しているのである。しかも一つの仮説は場合によっては「愚かしさにまで」追求されねばならないとすれば、これは、真理を探究するという学問の目的を放棄してまでも、学問的方法を遵守するという転倒ですらある。「我々の19世紀を特徴付けるのは、科学（学問）Wissenschaftの勝利ではなく、科学（学問）に対する科学（学問）的方法Methodeの勝利である」（KSA13.15［51］）という言説にも表れているように、実はニーチェは当時の自然科学の成果そのものを肯定していたわけではない。しかし学問を、その目的および内容ではなく、方法に、しかもその方法を突き詰める探求者の倫理の問題に置き換える彼の手法に注目することで、我々ははじめて、弁神論者にして合理主義者という、一般にあらゆる点でニーチェとは遠く位置づけられるライプニッツとニーチェとを接続する契機を得るのである。

さらに細かく見てゆこう。従来の実体を解体し、関係概念へと規定し直した功績という大枠で括るなら、確かにニーチェもライプニッツと並び称される。が、既述の通り両者が様々な点で異なるのもまた事実である。ライプニッツは、無意識領域を重要な要素として新たに加え入れたとはいえ、魂や精神および理性そのものは保持したし、目的因と作用因を神の視点から繋ぎはしたが、精神と物質の境界線は固持した。一方ニーチェがあらゆるものの境界線を曖昧にしつつ実体批判へ向けて突き進み、実体として最後まで生き残ってきた主体概念をも無数の力への意志に解体しながら、返す刀で「意志」なるものも単なる解釈、信仰に過ぎないと語るとき（KSA12.2[83]）、ついには、主・客双方のあらゆる実体的なものを経験的知覚の印象の強弱を土台とした信仰に過ぎないと喝破したヒュームの経験論へと限りなく接近し[16]、ということは生得観念を保持するライプニッツの合理論から限りなく遠ざかるように見える。にもかかわらず、前述のように、方法論の良心という線で読み解くならば、ニーチェやヒュームも、ライプニッツが「連続律」として展開したように、一つの仮説を極限まで突き詰め、それで全てを論じ尽くす試みの特殊な進化系と見なすことはなお可能であろう。

ニーチェの「連続律」があるとすれば、力への意志一元論が仮説であるということをも含めてこれを貫徹し、全てをこの仮説に還元する営みを、主体という実体を前にしても静止させることがなかったという点、主体を無数の諸意志や諸感覚に解体してみせつつも、それら諸意志や諸感覚そのものもまた解釈であるとして、「真理」を設定する余地をどこにも残さないことで、ヒュームをも越えていった点にあると考えられるのである[17]。いわば、ニーチェのこの作業自体が、対象を論理的一貫性を持って探求するという理性の機能を理性自体に向けた結果の、理性の自己超克であるといえよう。ニーチェが多くの場面で理性批判を繰り広げているにもかかわらず、対象を破壊する道具としては理性を用いているという二重性が指摘されることがあるが[18]、これを理性の自己超克を目指す営みと捉え直せば、二重性ではなく一貫した行為であることになる。

すなわち、ライプニッツとニーチェとは、非合理を合理的に説明する場合と、合理的に見えるものにも未だ混入している非合理を暴露する場合を両極とする、理性の機能の振幅として捉えられるのではないかというのが、ここまでの推論である。

三　理性の働き——その限界と可能性

理性の破壊的側面

理性による対象の脱神話化、実体的なものの解体、という状況は一般にしばしば指摘されることであるが、ニーチェもまた「(学問的) 方法論の良心」の観点からとはいえ、ある意味でこの線に沿った理性解釈を行っている。

「方法論の良心」の「方法」とは、世界把握の方法のことであるが、この方法としては、芸術的、学問的、道徳的方法など、様々な在り方が可能である。『悲劇の誕生』では特に、芸術的、学問的な世界把握の方法が、前者は悲劇芸術を頂点とする古代ギリシア芸術、後者は科学的精神の権化としてのソクラテス的なものに仮託されて語られていた。この時期から既に見られ、後期に至るまでニーチェ哲学を貫く大きな特徴は、一定期間を経て色褪せた世界観を捨てては新たな世界観を求めざるを得ない人間の性(さが)への洞察である。すなわちどの世界把握も真ではなく、人間はそのつど己にとって真らしいものを求めるに過ぎない。ニーチェがこの著作で人間の世界把握を「仮象Schein」と呼ぶ所以である。(19)

次に「方法論の良心」の「良心」についてだが、これこそが、『悲劇』ではほとんど取り上げられなかった道徳的世界把握に関わり、後年『系譜学』の主題となるものである。歴史的事実を追うなら、世界把握の方法は、宗教的把握から科学的把握へ移行していることは明らかだが、科学的世界把握は宗教的世界把握の否定によって生じたのではない、むしろ宗教によって育成された道徳としての「真理への意志」を先鋭化した結果であるとニーチェは見る。近代ヨーロッパにおけるキリスト教への信仰心の衰退、「それは二千年にわたる真理への訓練の恐るべき破局であって、これがついに神に対する信仰という虚偽を自らに禁止するに至るのである」(KSA5.409)。要するに、科学的良心は、キリスト教的良心の発展形であり、キリスト教的良心の自己超克の産物であるというのである。日進月歩の歩みこそ科学的認識の特徴であるとすれば、科学的良心はもはや人間に宗教的な安住の地に留まることを許さぬ強迫観念めいた衝動そのものとも言えよう。

このように理性による脱神話化は、人間の脱中心化でもあり、理性は自身を苦境に追い込んでいることになる。偶然的な個々の事実が神の理性という紐帯で結び合わされていたライプニッツとは異なり、ニーチェの見る近代の理性は、神話を解体する際、断片と化した個々の事実へと散逸したきり、折り返してくる地点を失ってしまっているからである[20]。

すなわちこれは、ライプニッツにおいては個々の偶然的事実をうまく取りまとめたその同じ理性的認識が、いまや神を殺害してしまったということ、理性的認識というものは遅かれ早かれ神を殺害するものだということに気づかざるを得ない時代にニーチェが身を置いていたということを意味する。

理性の限界

しかもこれは、神話への信仰を粉砕すると見えて、断片と化した個々の事実への盲目的な信仰へ走ることでもある[21]。こうなると、神話は、近代理性から見れば、世界を人間の生にとって都合よく虚構しているという意味での非合理であるが、ライプニッツの理性から見れば、断片としての事実の方こそ、人間の生を脅かす異物としての所与を消化し切れていないという意味での非合理とも言い得るだろう。

ニーチェにとっても「事実」はまさに、全体としての統一的な生に組み込めない「断片」として、理性による解釈をはねつける「異物」として顕現してくるものであった。『ツァラトゥストラ』の「救済」の章で、物質の問題（身体的な欠損）が、出来事の問題（受け入れ難い過去）に接続されているのを見た通り、これは単なる比喩ではなく、人間が物質に対峙した場合と同様の状況と捉えられている。

物質という概念に関して、ニーチェが影響を受けたランゲの『唯物論史』（1866）[22]によれば、多くの場合、科学の対象の内には、既に無意識的に、単純化された物質的イメージが混入し、科学の「客観性」を阻んでいるという。「物質Stoffとは我々に理解されない残余のことである」（GM.339）とか、「事物において解明されている部分の表現が［力Kraft］であり、残余の不可解部分が［物体Materie］である」（GM.344）といったように、現象の説明に物質的なイメージを採用することは科学の敗北であると言わんばかりのランゲの記述に似たものとして、ニーチェの言説に散見されるのは、現象や行為の内に、その原因となる作用者として、原子や主体、霊魂など「固定されたfeststand」恒常不変のものを置く発想への批判である（KISA5.26）。

理性の可能性

しかし学問には固定されたものを想定せずに思考する道も残されている。哲学的には当然、ライプニッツのモナドロジーがその好例であるが、客観的「真理」を追究する自然科学の分野でもそれが可能であると知ったことが、ニーチェ思想の後押しとなった。例えば、ニュートンの万有引力の理論とライプニッツのモナドロジーの折衷案として、物質を、互いに間隔を空けて斥力と引力を及ぼし合いつつ間断なく動き続ける拡がりのない質量のみを備えた点の集合と捉えたボスコヴィッチ（1711―87）の質点理論[24]がとりわけニーチェの興味を惹いた。これは、物質の連続的な延長を連続的な運動で置き換え、部分は全体のうちに含まれてこそ意味を成し、延長は運動によってはじめて可能となると主張することによって、ゼノンのパラドクスを克服せんとする仮説であるが[25]、これはライプニッツ的な時空の相対性の発想を、物理学の分野に移し変えたものと見ることができる。対象を存在とその運動とに分離して捉えるのではなく、生成しつつある連続体として捉える発想は、ライプニッツ以前に、アリストテレスの可能態と現実態といった概念にまで遡ることができるであろうが、付言すればこの系譜は、もし時間が止まれば自然界の全ては静止するであろうという古典物理学の世界観から、時間が止まれば（物質はそれを構成する分子、原子、電子などの絶えざる運動によって成立しているため）自然界の全ては消滅するという現代物理学の発想へと引き継がれているといえる。[26]

ニーチェの関心はその他、個々の動物の感覚の速さと動作とは、その動物の脈拍の速さに比例し、したがって個々の動物の時間感覚は脈拍の速さに還元できるとする動物学者・解剖学者ベーア（1792—1876）[27]の理論や、最も外的な時間尺度としての天体の運行の絶対性を否定する生理学者・物理学者ヘルムホルツ（1821—94）の理論にも向けられた。

このように、時空および、時空において現れる物体を、個々の偏狭な立場に収斂させる理論や、時空の絶対性を疑問視する理論に触れていたことが、後のニーチェの、固有なパースペクティブからの力への意志の発想に影響を与えたことは想像に難くない。上記の科学理論はニーチェにとって、「客観」的「事実」への絶対的服従に対抗し得る、「主観」の復権の可能性を示唆するものであったと考えられるのである。それはすなわち、対象を創造的に解釈する道である。

四　歴史的に把握される人間

時空の絶対性、および時空において現れる物質や出来事の絶対性を疑問視する理論が、観測された対象の記述を重視する当時の実証主義と同時期に対抗勢力として生じていたという事実の確認は、「真理」を追究する自然科学の領域においてすら、その「真理」を巡って対立があり、したがって「真理」は一つではない、もしくは変化し得ることの証左となるとすれば、今や哲学者ニーチェの役割は、自然科学の現場での上記の問題を、哲学的問題に落とし込んで考察することである。(28)

既に見てきたように、ニーチェにとって焦眉の問題は「そうであった」という「事実」への対処であった。堅固に固定されて見える物質ですら、物理学的に存在するためには、観察者にとっての一定の時間が必要であると言えるならば、そもそも一定時間内で生起する「出来事」の輪郭の曖昧さは一層際立ってくる。どこからどこまでを切り取るかで、出来事の意味も、出来事そのものも変わってくるからだ。

カトリック教会の堕落を批判したルターの宗教改革という歴史的出来事も、放っておけば没落したであろうキリスト教そのものに刺激を与えたせいでかえって持ち直させた余計な行為であり得（KSA6.251）、王族や貴族に対する市民革命によって勝ち取られたはずの民主主義も、人間の平均化・平凡化を招致することで奴隷制度向きの人間の型を作るのに役立ち、専制的支配者の養成に奉仕している（KSA5.183）というような解釈が可能なのである。これは或る印象的な行為、出来事を、単独で捉えるのではなく、その前後を取り囲む非常に長い時間経過の内での他との関係において捉え直す視点である。

一つの出来事は、それが生じた場所や時代における他の諸事情との拮抗や調停といった一定の時間の内での関わりの結果であり、むしろ「一つの出来事」と見えるそれは、視界に入ってこない様々な勢力のはざかいや接触面であるという発想、すなわち実体批判の傾向は、やがてパースペクティヴィズムという概念として定着するが、そもそもごく初期からニーチェの言説に現れていた。例えば『悲劇』での、オリュンポスの神々の光り輝く世界は、古代ギリシア人の、他の民族では類を見ないほどの生の苦悩への感覚の並外れた鋭敏さから生じており（KSA1.35）、ソクラテスは自ら死を選ぶことで、かえって理性中心主義というその本質を後世に存続させた（KSA1.91）(29)といった解釈がそれに該当する。そしてこうした（最低でも二つ以上の）複数の諸力の対立を、認識し得るあらゆる事物、出来事の背後に見ることこそが、力への意志概念へと結実していったと考えられるのである。

ここまでで、ニーチェが出来事を「歴史的」[30]に把握するための材料は出揃ったことになる。固定されて見える物質や出来事が諸力に分解され得るとすれば、逆に諸力から物質や出来事を再構成、再解釈することも可能であろう。事実ニーチェは、特に後期著作で、従来の道徳史家には「歴史的精神historischer Geist」（KSA5.258）、「歴史的感覚historischer Sinn」（KSA6.74）が欠如していると批判しつつ、自身で、最大の思考実験とも言える、現行の道徳・価値の成立した系譜としての強者と弱者の闘争の歴史を描き出すのである。ここでニーチェは、キリスト教的な価値の出自は決して道徳的なものではなく、弱者の強者に対する長期間に及ぶ復讐劇の勝利の刻印であるとの解釈を展開する。これに単なる解釈上の戯れ以上の意義があるとすれば、個人にとっての一事件、もしくは個人の生涯という枠を超え出て、その背後の歴史まで視野に入れてはじめて、個々の部分にも、それら部分にだけ拘泥していたのでは見えなかった意味が付与され得るし、個々人は新たな主体性を獲得し得るという例を示しているからであろう[31]。

おわりに

序文で示唆したように、理性にも感性的で非合理なものが混入しており、「客観」なるものはかなりの割合で主観性に侵食されていると看做したニーチェの行き着いた先は、固有なパースペクティヴの闘争し合う力への意志の世界観であったのだが、それは、個体の枠や延長を否定して活動性そのものを実体とするライプニッツのモナドロジーへと奇妙にも接近してゆく。あたかも主観の側から世界へと出発した前者が、客観の側から世界へと出発した後者と中央で重なり合うかのように。

ただしこれは、理性の活動を理性自身に向けた結果、神を殺害したニーチェの世界観が、図らずもライプニッツの世界観に接近せざるを得なくなったと表現する方が適切であろう。「事実の真理」が全て神の視野に収められているせいで「思考の真理」にくるみ込まれている完全性と安定性は、力への意志の世界観には無い。神の目撃を失った人間は、かつての完全性に近づこうとすれば、代わりに自身で己の全体を目撃せねばならなくなった。有限な人間が果てしないものを視界に収めようとしても、対象が世界であれ人間であれ、それはおのずと狭い視野からの時間的な出来事の継起、すなわち歴史として顕現することになるであろう。ニーチェが執拗に歴史的感覚の必要性を説くのはしたがって、神の不在により散逸した「事実」の統一のためであると考えられるのである。

勿論、歴史的解釈によって、「事実」を前にした意志の憂悶が完全に解消されるわけではない。それでも、「事実」の「客観性」が実はそれほど堅固なものではないという視点を得たのは、近現代人にとってもその後のニーチェ哲学の発展にとっても、決して小さくはない一歩であったと言うべきであろう。

［註］

本稿は、本郷朝香「ニーチェから見たライプニッツ」、『ライプニッツ読本』酒井潔・佐々木能章・長綱啓典編、法政大学出版局、２０１２年を加筆、修正したものである。

引用は、ニーチェについては*Friedrich Nietzsche, Sämtliche Werke, Kritische Studienausgabe, Bd.1—15*, herausgegeben von Giorgio Colli und Montinari, Walter de Gruyter , Berlin／New York, 1980（略記KSA）を用い、巻数とページ数、もしくは遺稿番号を示す。

（1） 周知のように、『ツァラトゥストラ』第1部「肉体の軽蔑者」でツァラトゥストラは、精神を肉体の上位に置く「肉体の軽蔑者」に対して、その序列を逆転させ、肉体を「大きい理性」、精神を「小さい理性」と呼ぶ（KSA4.39）

（2） ライプニッツとの比較は本文で述べるとして、ニーチェといえば、註1のような言説からも、一般にプラトン的二元論の批判者のイメージが強いが、感覚で捉えられるものを過剰に信頼することを批判する文脈では、「感覚を楽しませるものに反対するまさにそのことの中に、プラトン的思考法の魅力はあった」（KSA5.28）と語り、また逆に理性批判の文脈では、理性に限界を定めた点ではカントを、またカント以上に人間の認識に対し徹底した懐疑を向けたヒュームを評価している。

（3）ライプニッツについては*Die philosophischen Schriften von Gottfried Wilhelm Leibniz*, Bd.1—7, herausgeben von C.I.Gerhardt, Weidmannsche Buchhandlung, Berlin, 1875—90（『ライプニッツ著作集』全10巻、下村寅太郎・山本信・中村幸四郎・原亨吉監修、工作舎、1988—99）を参照した。

（4）しかしモナドは確かに「形而上学的点」（『新説』11節）、複数の線分の交点（『恩寵』２４６節）に例えられはする。

（5）カエサルがルビコン河を渡ったという史実は、カエサルという主語にルビコン渡河という述語が総合的に付け加わるのではなく、ルビコン渡河の事実はカエサルという主語に内在していたという分析的なものというのがライプニッツの実体解釈の特徴を成している（『叙説』13節参照）。

（6）この事態をモナドの観点から再度確認してみるなら、これは固有なパースペクティヴにとって現れる全世界が主語に回収されることであると同時に、また主語が世界へと放射状に拡がってゆくことでもあろう。ここにおいて「モナドには窓がない」（『モナドロジー』7節）と言われるその「無窓性」の内容は、もはや窓という概念が意味を成さないほどに世界に開かれているという、自己のこの上ない脱自性を指し示すと解釈し得る。モナドの「無窓性」については酒井潔「モナド的主観の〈無窓性〉」、『現象学年報』16号、２０００年を参考とした。

（7）『自然法則の説明原理』でライプニッツは、「真の自然学を神の完全性という源泉からいかにして現実に引き出すべきか」という問題は、諸事物の究極の理由としての神を置くことで理解できるようになるという。その他、自然学から目的因を排除すべきでない例として、プラトンの『パイドン』での、ソクラテスが牢獄で処刑を待って座っている理由として、骨や筋肉から説明するだけでなく、国家の命ずるところに従うことの方がふさわしいと判断したからだという説明が必要だという例を挙げている。

（8）したがって自己を語ることと世界を語ることとはライプニッツにとっては不可分である。それでもやはり、世界には精神とは別の存在として、物質が見出されるが、これと精神との関わりについてライプニッツはまず、神の定めた序列において物質は精神の下位に位置し、精神以外のものはすべて精神のために作られ、物質の運動は善を祝福し悪を懲らしめるために与えられたと考える（『新説』5節／『モナドロジー』88節）。物質界の運動の作用因は、恩寵界の目的因によって、すなわち神という理由をもってはじめ補完されるというのである（『恩寵』8節）。

（9）「およそ生あるものの見出されるところに、私は力への意志をも見出した。（中略）主人となることの喜びだけは、生あるものである限り、捨てることができないのだ。」（『ツァラトゥストラ』第2部「自己超克」）とあるが、この支配欲は、「一切の存在者を思考し得るものにしようとする意志」（同）ともあるように、対象の解釈においても既に発揮されている。

（10）引用文は１８８８年の遺稿であるが、『ツァラトゥストラ』の解説書として3年後に書かれた『善悪の彼岸』（1886）36節では、力への意志の因果関係を、物質界の現象にまで拡大する提案が明確に打ち出され、数年の間に力概念の範囲が拡張しているのが見て取れる。

（11）まさに力への意志説を展開している著作で、意志の無力を語っているのは一つの留意すべき点であろう。

（12）『反時代』の4、5節参照。ここには、認識における世界の多様な表れはむしろ統覚を前提するといったカント的な、統一的自己に対する信頼感はないと言える。

（13）実際、『善悪』13節では、「方法」＝「原理の節約」と言われている。

（14）E.Mach, *Die Analyse der Empfindungen und das Verhltnis des Physischen* zum Psychischen, G.Fischer, Jena, 1911(マッハ『感覚の分析』須藤吾之助・廣松渉訳、法政大学出版、１９７１年), S.40参照。マッハはこの用語で、最小の出費によって他の観方よりも経済的に解決し得る論の選択を指している（S.24）。

（15）「Principien—Sparamkeit」は「節約の原理」と訳すのが自然かもしれないが、直前の文に「無用な目的論的原理überflüssiges teleologisches Prinzip」に注意せねばならないとあるので、余計な原理を削るという意味を強めてこの訳を採用した。（訳にあたっては、ニーチェ『善悪の彼岸』竹山道雄訳、新潮文庫、１９５４年を参照した）

（16）D・ホイは、特にヒュームとニーチェの共通点として、「実験的推論experimental reasoning」により、所与の現象に結びつく原因を仮説的に立てるいわゆる「系譜学」と、この系譜学において、形而上学を感情に還元したことを挙げている。ただしヒュームは、中立的で価値を含まない観点から感情の系譜を語るのに対し、ニーチェは逆に、可能な限り価値を付加した感情の系譜を語る。両者の違いは、ヒュームが感情を全ての人間に共通した普遍的なものと捉え、心理的な事実として扱うのに対し、ニーチェは感情を、特殊的で、検証しようのない仮説として論じている点に発する。David Hoy, *Nietzsche, Hume, and the Genealogical Method* *Nietzsche as Affirmative Thinker*, Martinus Nijhoff Publishers, Dordrecht, 1986）pp21—22参照。

（17）コリングウッドは、ヒュームによる精神的実体批判は徹底されてはいなかったと見ている。ヒュームは精神的実体を諸観念の集合に解体したかに見えるが、諸観念を連合する傾向は人間において普遍のものと考えていた。（コリングウッド

『歴史の観念』小松茂夫・三浦修共訳、紀伊国屋書店、２００２年／Collingwood, The Idea Of History, Clarendon Press, 1946）第二部第十節参照。
(18) E.E.Sleinis, *Nietzsche, Thories of Knowledge, and Critical Theory Nietzsche and the Sciences I*, Between Nietzsche and Leibniz: Perspectivism and Irrationalism, Kiuwer Academic Publishers, Dordrecht, 1999参照。
(19) しかし仮象が「真なるもの」として機能しているうちはその仮象性は露わにならず、それが破壊されるときに初めて顕現する。とすれば破壊（とそれに続く創造）という、むしろ仮象の枠外の出来事こそが仮象のメルクマールとなると言えよう。ただし後に「仮象」という表現そのものがニーチェの言説からなりを潜めることになる。
(20) ニーチェがしばしば例に挙げるコペルニクスの地動説は、まさに科学的認識が、人間の脱中心化を大きく進めた象徴的事件であった。
(21) 『反時代』第二篇では、事実を信仰するあまりそれをひたすら記述することに没頭する近代の教養人批判が行われている。こうした人々は「もはや自己を信ずることをあえてせず、［私はここでどのように感覚すべきですか?］と自己の感覚の仕方に関して心ならずも歴史Geschichteに助言を求める」（KSA1.283）とニーチェは述べている。ここでの「歴史」は、近代人が客観的な史実と信じるものとしての歴史であると考えられる。
(22) Friedrich Albert Lange, *Geschite des Materialismus*, I・II, Leipzig, 1921（略記ＧＭ）
(23) ボスコヴィッチはこれを「連続法則law of continuity」と呼ぶが、これはライプニッツの「連続律」の応用である。
(24) P. Rogerio Josepho Boscovich, *Theoria Philosophia Naturalis Redacta ad Unicam Legem Virium in Ntura Existentium, Vienna*, 1758. 本稿ではこの英訳A theory of natural philosophy Reduced to a Single Law of the Actions Existing in Nature, Cambridge, Mass., MITPress, 1966（略記TPN）を用いた。
ニーチェはボスコヴィッチについて「唯物論的原子論die materialistische Atomistikは、ありうる限りの最も反駁されたものの一つである。(中略)これはあのダルマティア人ボスコヴィッチのおかげであり、彼はポーランド人コペルニクスと共に、常識的外観を打倒して最大の勝利を占めた人物であった。コペルニクスは、我々の全ての感覚に反して、大地は固定されたものではないことを信じさせたが、ボスコヴィッチは地上における［固定feststand］された最後のもの――［物質Stoff］［質料Materie］――地球の細片である原子に対する信仰を棄てることを、我々に教えた。これは古来この地上において得られた、感覚に対する最大の勝利であった。」（KSA5.26）と述べている。

ボスコヴィッチ理論の概要については特に、松山寿一『ニュートンとカント』、晃洋書房、一九九七年、および湯川秀樹「十九世紀の科学思想」第一部「近代以後の科学思想の概観」、『世界の名著65』「現代の科学㈵」、中央公論社、1973年が大いに参考となった。

(25) 速度とは、一定の長さを持つ距離を一定の長さを持つ時間で割ったものであるため。飛ぶ矢は、運動(つまり速度を持つもの)として考えれば、どんなに小さな瞬間をとっても、そこには瞬間の速度、つまりある極小の距離を極小の時間間隔で割ったものが存在する。この理論の特異性は、物体の延長を、「間隔interval」を開けて点在する非延長的な質点の集合と捉えたことである。これはライプニッツのモナド批判を含んだものでもある。ボスコヴィッチによれば、非延長的なモナドが「隣接してbe contiguous」延長的物体を構成するという説は、ゼノンのパラドクスの内部に閉じ込められている考え方である(TPN.§139)。拡がりのないものをいくら隣接させて並べようとしても延長にはならず、点は無限個必要となる。しかし物質の延長を構成するものが、間隔を置いて配置された点だと考えれば、延長における点の数は有限になる。なぜなら全ての点同士の距離は有限だからである(TPN.§90)

(26) R.G.Collingwood, The Idea Of Nature, Oxford University Press, London,1945(コリングウッド『自然の概念』平林康之・大沼忠弘訳、みすず書房)p23参照。

(27) Karl. Ernst. v. Baer, *Welche Auffassung der Lebenden Natur ist die richtig?*, Festrede zur Eröffnung der russischen entomologischen Gesellschaft im Mai 1860, Berlin,1862参照。なお本稿では、ベーアや以下に述べるヘルムホルツなど、ニーチェが吸収した自然科学理論について最初に詳細な報告を行ったK.シュレヒタとA.アンダースの共著、Schlechta und Anders, Friedrich Nietzsche, Friedrich Fromman Verlag, Stuttgart—Bad, 1962(略記FN)を参考にしている。

(28) したがってニーチェの理論の一部(特に永劫回帰説など)を、或る自然科学者の見解、もしくはその時代の自然科学的見解からすれば誤っていると批判することは自由であるが、それをもってニーチェ哲学全体の批判足り得ると考えるなら、それはそもそも哲学の役割を見誤った的外れなものと言えるだろう。

(29) これはソクラテスの肉体的な死という出来事に囚われている限り見えてこない観点であろう。また、「自己批判の試み」では、ギリシア人の悲劇芸術への嗜好は、生の苦悩を直視し得る強さのペシミズムであり、他方ソクラテス以降の理性中心主義から来るギリシア人の晴朗さは、生の弱体化から来るオプティミズムであるとも言われる。

（30）　ニーチェの「歴史」にはHistorieとGeschichteとがあるのだが、どちらも出来事に対する解釈であるという点では一致するので、両者の違いについてここでは詳述しない。

（31）　一個人の生を超え、主体というものを歴史的な長さを持って捉えなおすニーチェの新たな主体概念については、拙稿本郷朝香「遅れてきた主体――ニーチェ哲学においてボスコヴィッチ学説が開く、新たな主体概念の可能性――」、『理想』684号、理想社、２０１０年で取り上げている。

習慣知と理性知との間

瀧田　寧

筆者は『歴史知の想像力』（二〇〇七年、第一章担当）において、歴史知の立場を「習慣知」と「理性知」との両方を尊重しながら、それらを交互に見やること、と捉えるに至った。そしてこうした歴史知的な物の見方は、筆者の現在の関心事の一つである「伝承の蓋然性をいかに見極めるか」という問題を考える上で、重要な示唆を与えてくれる。というのも、その見方は、伝承に対して通常私たちがとりがちな両極端の態度を見直す手がかりになりうるからである。例えば、一方の極端な態度の人は、昔から語り伝えられていることを、「今までみんながそう言ってきたから」「昔からそう信じられてきたから」という理由で、あたかも疑ってはいけない前提のように見なしてしまう。これに対し、もう一方の極端な態度の人は、信頼性の高い根拠（例えば権威づけられた歴史書など）のみに基づく合理的な考え方をそのような伝承にも適用して、その蓋然性を判断する。この場合、前者が長年の習慣的信念すなわち習慣知の立場に立つ人、後者は理性知の立場に立つ人、と言える。そして歴史知の意義は、従来の学問では理性知に締め出されがちな習慣知にも目を向けるよう促していることにある。実際、現代の合理的思考に慣れてしまうと、根拠があいまいな伝承を蓋然性の低い話として遠ざけてしまうことが多い。だが、その伝承を語り継ぐ地域の人たちにとっては、それが自分たちの生活習慣そのものに関わる以上、蓋然性の程度が低いからといって簡単に遠ざけられるものではない。歴史知が光を当てようとしているのは、まさにそういうところであると思われる。

ところで、かつてモンテーニュは『エセー』の中で、習慣知が私たちの物の見方を決めてしまう力を持っている、ということを次のように述べていた。

「習慣の偉力のもっとも大きな結果は、それがわれわれをしっかりとつかんで締めつけていることである。そのために、われわれはその把握から自分を取り戻して正気に立ち返り、習慣の命令を冷静に吟味し検討することができなくなっている。本当に、われわれは生まれたときに飲む乳と共に習慣を飲み込むのだし、世界の姿がそういう状態ではじめてわれわれの目の前に現われるのだから、われわれの出生には、はじめから習慣のあとについて歩むという条件がついているように思われる。（中略）そこから、習慣の範囲外にあるものは理性の範囲外にあるものと、思われるようになる。それがたいていの場合、いかに不合理であるかは、はかりしれないほどだ。」（第一巻第二三章）

理性知で考えると蓋然性の低い習慣知も、それを語り継ぐ地域の人たちにとっては、この引用に示されているように、確かに世界を見る時の枠組みになっていることがある。そこで、習慣知として伝承されてきたことを、まさに「正気に立ち返った」状態で見守っていくためには、歴史知が提唱する物の見方、つまり、伝承の蓋然性を信頼性の高い根拠に基づいて理性的に探究しようとする意識と、その地域に暮らす人たちに寄り添って、その人たちが長年の習慣の中で身に付けてきた強固な信念を尊重しようとする意識とを、交互に行ったり来たりする、という物の見方が重要なのではないだろうか。

第8章　マルクス人間論の可能性と限界

――マルクス主義哲学史における人間概念の変遷

田上　孝一

はじめに

歴史的に大きな影響力を持った思潮に着目し、その思潮の中に幾つかある主要概念の一つを取り上げ、当該思潮の創始者から継承者への解釈の変遷を追うことによって、その思潮の現代的な理論的可能性を問うことは、歴史知の精神に照応する知的営為であろう。

私がここで取り上げる思潮はマルクス主義哲学であり、再検討する概念は人間である。人間は当然のことながらマルクス主義以外の哲学においては中心的な主題として扱われ続けたが、マルクス主義ではそうではなかった。哲学とは人間が生きている世界と活動の原則的な諸目標に対する理性的で批判的な意識であり、存在するものへの知識であるのみならず、存在すべきものへのプロジェクトである(1)。これはあるマルクス主義哲学者による哲学一般の適切な規定であるが、こう哲学を正しく位置付けたマルクス主義者であるミハイロ・マルコヴィチ及び彼が属していた旧ユーゴスラヴィアのプラクシス・グループは、同じマルクス主義の正統派である、旧ソ連や東独等の官許哲学者達によって「修正主義者」と厳しく断罪されていたのである。

しかし、修正主義者であったのはマルコヴィチではなく官許哲学者の方である。マルコヴィチはマルクス元来の思想をそのまま継承発展させているのに対して、官許哲学者はマルクスその人とは決定的に異なる構想を土台にして、その硬直した理論体系を築き上げたからである(2)。とは言え、官許哲学は一日にしてならない。官許哲学は官僚学者が独自に作り上げたものではなく、既に歴史的に形成されていたマルクス主義哲学に対する基本観点を受け継いで、それを現実社会主義国家擁護のためのイデオロギーに変質させたに過ぎないからである。その直接の起源はスターリンである。

スターリンと先行者達の関係はどのようなものなのか。スターリンはレーニンの正当な継承者なのか根本的な歪曲者なのか。そのレーニン自身がそもそもマルクスとエンゲルスを「現代的に発展」させたと言い得るのか。こうした問題は簡単に応えることのできない難問であり、本稿の課題とするところでもない。ただここでは、こと哲学に関する限りは、歪曲はかなり早い段階で発生したのではないかと言いたい。スターリンは勿論レーニンにあっても、そして実は既にエンゲルスにおいて、後の官許哲学に至る歪曲の道筋が敷かれたのではないかと言いたいのである。

この主張を展開するためには、先ずは起源であるマルクスその人の人間概念を見る必要がある。

一　マルクス人間論の核心

マルクスは職業哲学者ではなかった（なれなかった）こともあり、人間一般を主題とした哲学的論考は残していない。それでも、若き日の著作では比較的多く人間が語られ、人間（Mensch）概念は多用されている。例えば、『経済学・哲学草稿』では来るべき理想社会を次のように表現していた。

> 人間的自己疎外としての私的所有の積極的止揚としての共産主義、それゆえ人間による人間のための人間的本質の現実的獲得としての共産主義、それゆえ完全な、意識された、そしてこれまでの発展の全成果の内部で生まれて来た、一つの社会的な、つまり人間的人間としての自分自身への人間の帰還としての共産主義(3)。

この文章の意味内容はここでは詳論しないが、短い文章にこれだけ多く人間という言葉が使われていることは、この時期のマルクスにとって、人間というのが事の外重要な概念であったことを示唆している。

ところが、この文章を書いてから暫く後に書かれた『ドイツ・イデオロギー』では、トートロジーであるかのような印象を与えるまでに人間という語を繰り返していたのが一転して余り用いられなくなり、代わりに諸個人(Individuen)という言葉が愛用されるようになる。

以降の著作でも、『ドイツ・イデオロギー』のように諸個人という言葉が取り立てて愛用された形跡はないものの、かといって人間の概念を『経済学・哲学草稿』のように多用することもなかった。その意味では『ドイツ・イデオロギー』における文章表現の変更は、一応ずっと保持されたと言える。このことから、表面だけを見る者は文章表現によって表された思想内容自体の根本的変更が生じたと解釈しがちである。特に「人間的自己疎外としての私的所有の積極的止揚としての共産主義」とあるように、疎外概念と結び付いていたが故に、後の著作で人間概念が後景に退いたのだという解釈は、未だにマルクスの専門研究者以外には人気がある。しかしこの解釈だと『資本論草稿集』で疎外概念が頻出することと辻褄が合わなくなる。ということは、変わったのはあくまで表面的な「表現」のみで、深層の「内容」には根本的な変化はなかったということになる。

この間の経緯については既に別のところで詳論しているのでここでは繰り返さない(4)。ここでは、旧稿では余り強調してこなかった論点として、次のことを強調しておきたい。すなわち、マルクスは人間概念を多用することは止めたが使用自体を放棄しなかったのは、人間概念の持つ批判的機能に自覚的だったからであると。「それはそもそも何のためか」という問には必ず「人間」について語ることが必要だと、マルクスは気付いていたということである。

マルクスは自らのライフワークの特質をブルジョア経済(学)体系の叙述を通したブルジョア経済(学)体系

の批判と語っていた[5]。価値自由に叙述することではなく、むしろ批判を正当化するために叙述しようというのだ。批判するためには規範が必要である。そうあるべき（規範）状態になっていないから、現実が批判されるのである。これは倫理学ではごく当然の観点だが、この常識的観点が欠如すると、中途半端な思考停止状態をマルクスその人に押し付けることが起きたりする。例えば専門研究者とは言い難いが自称マルクス通の人々から、未だに最適なマルクス入門書として推薦されることがある本では、次のようなことが書かれている。

『資本論』でマルクスの言いたかったことは、――第三巻までに行くと更に次元が高まるのですが、とりあえず第一巻での最大の告発事項ということでいえば――いわゆる近代市民主義のイデオローギッシュな欺瞞性の暴露、とりわけ、自由で対等とされる労使関係が一種独特の〝奴隷制〟（「賃金奴隷制」）であることの剔抉、資本制生産様式のこの実体の批判にほかなりません[6]。

これはこの本の結論に当たる箇所だと考えられるが、この理論が意味を成すのは、「奴隷制は善くない」という価値観が共有されている場合だけである。著者は「近代市民主義」の「イデオローギッシュな欺瞞性」を専ら否定的に語るのみだが、奴隷制は善くないという価値観が、著者がそうしているように議論の余地なく共有されているのは、それこそ近代市民社会のイデオロギー的特性であろう。そして近代市民社会のイデオローグ達は、著者が思考停止してそれ以上問わなかったのとは異なり、まさに奴隷制を許さないことこそが近代の近代たる所以であることを強調していた。

例えばカントは人格を目的として扱うべきことを説いたが、これは専ら手段として扱われるべき対象との対比の上であった。その代表が「商品」であり、「手段として扱う」ことの代表例は、「売買する」ということである。従って「人格を目的として扱うべし」という標語は、人間を売買してはいけないという観念の哲学的に洗練された表現であり、奴隷制の絶対的な拒否宣言なのである。だから資本主義と近代思想を同一視するべきではなく、資本主義という「現実」が、近代思想の掲げる「理念」を裏切っていると見るべきなのである。そのためマルクスもはっきりと、疎外された労働が何故いけないかといえば、それが労働者の Freiwilligkeit（自由意志性）を奪うからだと言っている(7)。件の著者は『経済学・哲学草稿』のマルクスを非本来的な未熟なマルクスと「剔抉」したことで有名だが、旧ソ連東欧の官許哲学者にも人気があったこの種のマルクス解釈のお蔭か、マルクスの批判に含まれる重層性をすっかり見失っている。

マルクスは資本主義を単にそれが「賃金奴隷制」であるから批判しているのではない。それだけなら、優秀な人間が劣った人間を隷属させる方が、一律に自由がある社会よりも社会全体の富を増進できるから好ましいというような言説を、どう批判するのか。現代的な洗練を加えられた奴隷的人間関係の方が「自由な諸個人のアソシエーション」よりも生産力を高めることが分かったら、目指すべきは新たな奴隷制社会になるのか。そうではないだろう。奴隷制は人間の本源的な自由を奪うがために、どんな社会形態にあっても許されるものではない。人間を他者の所有物として隷属化させることは自由な存在であるべき人間の尊厳を損なうがために、奴隷的従属は、実質的奴隷制はもとより、形式的自由の上に成り立つ賃金奴隷制であっても許されないというのが、合理的な返答ということになろう。しかしこれは全くもって「近代主義イデオロギー」そのものである。従って必要なのは、「近代市民主義のイデオロギッシュな欺瞞性」を一面的に言い立てて、近代哲学が遺してくれた「自由な存在としての人間」という普遍的規範を捨て去ることではなく、近代社会とは、一方で奴隷制の絶対的拒否により人間の本源的自由を高唱できたという積極面を持ちながらも、他方で資本主義経済という実質によって自らの理念を裏切っているという現実を見据えることである。自らが自らを否定する原理を生み出すという歴史のダイナミズムを理解した上で、近代に基き近代を乗り越えるという観点を打ち出した、マルクス的思考の重層性をつかむことである。

このようにマルクスにとって人間とは、資本主義を批判するための規範である。マルクスが何故資本主義を批判したかと言えば、それは人間に相応しい社会ではなかったからである。

二　初期エンゲルスと後期エンゲルスの断絶——人間概念の提起と廃棄——

こうしてマルクスは人間概念を、資本主義の批判原理として生涯保持し続けた。だから別稿(8)で明らかにしたように、晩年の小さなエピソードの中にも、マルクスの人間に関する基本観点が暗黙の内に前提されていたのである。

ではマルクスの盟友であったエンゲルスはどうなのか。マルクス同様に資本主義を批判する原理として規範的な人間概念を用いていたのであろうか。

この点に関して興味深いのは、エンゲルスの若き日の著作に対する、マルクスの評価とエンゲルス自身の評価の際立った違いである。エンゲルスはマルクスに先んじて経済学研究を行い、『国民経済学批判大綱』を発表した。これに対して、当時のマルクスがヘスの論文と共に「内容豊かで独創的なドイツの労作(9)」と高く評価したように、経済学研究を本格的に開始したマルクスに、強い影響を与えたことは有名である(10)。マルクスはその後もこの若きエンゲルスの労作を評価し続け、『資本論』でもその理論内容を積極的に利用する形で引用しているのである。

ところがエンゲルス自身は、マルクスと全く違った態度を取った。エンゲルスは後年、『国民経済学批判大綱』転載の申し入れに対して、「あの代物は全く古臭くなっており、しかも間違いだらけだ。あれは皆をただ混乱させるだけだろう。それにあれはまだ全くヘーゲル流（Hegelsche Manier）の著作であって、最早全く不都合だ。あれはもう歴史的文書としての価値しか持たない(11)」と、拒否したのである。

一体何故なのか。そして何がヘーゲルの流儀だというのであろうか。『国民経済学批判大綱』でエンゲルスは次のようにその基本方針を表明する。

ここで私にとって重要なことは、競争が道徳の領域の上にまで拡張していることを立証し、そして私的所有が人間をどれほど深く堕落させたかということを指し示すことに他ならない(12)。

そして競争が道徳の領域にまで拡張しているとは、次のような事態だとされる。

総じて、競争戦に加わる者は誰もが、彼の力を最大限張り詰めない限りは、全ての真に人間的な諸目的を廃棄しない限りは、その戦いに持ち応えることはできない(13)。

私的所有は人間を堕落させ、競争は人間的な諸目的の廃棄をもたらすとエンゲルスは言っている。最早明らかであろう。ここでエンゲルスは、人間をはっきりと規範概念として位置付けて、人間を基準に私的所有制度を批判しているのである。言わば、普遍的な規範からの現実批判である。恐らくこれが「ヘーゲル流」の正体であろう。それを確証できるのは、同じく若き日のエンゲルスの労作『イギリスにおける労働者階級の状態』に対する晩年の評価である。

全面否定をした『国民経済学批判大綱』に比べて、「私はこの若き日の著作を再び通読してみて、私はこれを少しも恥じ入る必要のないことを知った(14)」というこちらの方は、まだ救いがある。しかしその至らなかった点に対するエンゲルスの自己批判が問題なのである。

この本の一般的な理論的立場が——哲学的、経済学的及び政治的な点で——私の今日の立場とはぴったりとは一致しないということは、恐らく殆ど注意する必要もないであろう。一八四四年には、近代的な国際的社会主義はまだ存在していなかった。それはその後、とりわけ、そして確固として、一人マルクスの業績によって一つの科学にまで完成されたのである。私の本はただ、国際的社会主義の萌芽的な発展の一つの位相を代表するに過ぎない。そして人間の胎児が、その最初の発展段階においては、我々の最初の祖先である魚類の弓状の鰓を今なお再現するように、この本も、近代社会主義がその祖先の一つ——ドイツ古典哲学——の血統を引いていることの痕跡を至るところで残してしまっている。そのため、共産主義は労働者階級の単なる党派的教義ではなくて、その最終目的が、資本家を含めた全社会の、現在の制限された諸関係からの解放であるような一つの理論である、という主張に——特に結論において——非常な重点が置かれている。この主張は、抽象的な意味では正しいが、しかし、実践においては、無益というよりもむしろ、かなり具合が悪いと私には思われる[15]。

ここでエンゲルスは、自らの本を胎児になぞらえて、その本質的な未熟性を強調する。ドイツ古典哲学の影響過多がために、資本家を含めた全社会の、現在の制限された諸関係からの解放が最終目的であることが強調されている。それはエンゲルスにとっては今やよくないこととなっている。労働者のみならず資本家も含めた全社会の解放を求めるということは、普遍的人間的解放を求めるということである。こうしたドイツ観念論的なヘーゲル流を、晩年のエンゲルスは自己批判しているのである。

つまりエンゲルスは、その若き日にはマルクス同様に規範的な人間概念を批判原理としていたが、マルクスとは異なり、後になってそうした人間概念を放棄してしまったということである。では何故エンゲルスはそうしたのか。

それはエンゲルスが科学というものを不当なまでに過大評価し、既に存在する対象を分析することと、未だ存在していない対象を予測することの方法論的違いを無視して、両者共に一律にその法則性を提起できる万能理論というものがありうると考えたからである。

エンゲルスはマルクスへの弔辞の中で、ダーウィンが有機界の発展法則を発見したように、マルクスは人間社会の発展法則を発見したと言った(16)。また彼は、有名な『空想から科学へ』の中で、唯物史観と剰余価値による資本主義的生産の秘密の暴露によって社会主義が科学になったと述べた(17)。こうしてエンゲルスにとってマルクスとは、人間社会の法則を発見して社会主義を科学にまで高めた唯一の人である。従ってエンゲルスにとってマルクス教説の核心は、運動法則の科学的記述ということになる。この場合、法則は相対的なものではなく絶対的なものである。蓋然的にではなく確実に変化を予想できるのが、マルクス学説の科学たるゆえんである。これがエンゲルスの「マルクス主義」である。それは歴史法則の絶対性を前提した上で、その法則を発見したと称する教説であり、後に「マルクス＝レーニン主義」や「科学的社会主義」と言われるようになる思潮である。

エンゲルスは、やはり晩年に書かれた『哲学の貧困』ドイツ語初版への序文で、マルクスは共産主義の基礎を資本主義の悪に対する批判を要求する道徳的感情ではなく、資本主義の必然的崩壊という歴史法則に置いたと強調している(18)。ここには、マルクスその人にあっては存在しない、道徳的批判と経済学的分析及び道徳と必然性歴史法則の対立という図式化が行われている。この老エンゲルスによる図式化、道徳的批判と科学的分析を対立させ、必然的な歴史法則の強調により対象の規範的吟味の必要を認めないという極端に実証主義的な立場としてマルクスの学説を特徴付けるのは、マルクスの名を冠しながらマルクスその人には由来しない一種の知的創作と言えるだろう。このようなエンゲルスによるマルクス学説の神話化が、後にマルクス主義といわれるようになる一大思潮の出発点となるのである。

しかしこうした「科学的」社会主義としてのマルクス主義は、非科学である。対象の質的違いを無視して、元来説明できないことも説明できると強弁しているからだ。既に存在していて、法則性をもって運動している対象ならば、それを科学的に説明しようとするのは正当だが、未だ存在していない対象までもその到来の必然性を科学的に証明できると考えるのは、科学の矩を越えた逸脱である。自らの分をわきまえるのが科学である。現在も未来も一緒くたにして、一律にその法則的解明ができるなどと思い上がるのは最早科学ではなく、科学信仰という疑似宗教である。

このような疑似宗教にあっては、確かに規範的な人間概念は不要である。科学的認識に基いて、未来の不確定さを前提した上で、未来への指標となる最適な選択肢を提起するのが規範概念だからである。[19] こうしてエンゲルスの自己批判は、マルクスの人間概念を葬ると共に、マルクスの教説の、マルクス本人の与り知らぬ神話的「マルクス主義」への歪曲に道を拓いたと言えるだろう。

三　後期エンゲルスの後継者としてのレーニン

レーニンはマルクスの正当な後継者をもって任じていた。レーニンの考えるマルクスはエンゲルスと一体であり、エンゲルスの著作は全て等しく原典としての価値を有するものであった。だからレーニンにとってマルクス理論の哲学的側面は、『反デューリング論』や『フォイエルバッハ論』といった、エンゲルスがヘーゲル流を自己批判した後に書かれた啓蒙的著作に余すところなく正確に示されていると思われたのである。[20]

従ってレーニンにもまた後期エンゲルス同様に、普遍的な人間概念はない。それどころかむしろエンゲルス以上に、人間の特殊性、取り分け階級的特殊性が強調される。例えば人間が何を為すべきかという道徳に関してレーニンは、ブルジョア道徳とプロレタリア道徳という形で質的に区別し、プロレタリア道徳のブルジョア道徳に対する絶対的優位を説くのである。[21] レーニン自身はこうしたプロレタリア道徳論を全面的に展開した著作を残さなかったが、レーニンに成り代わってプロレタリア道徳論を体系化しようとしたのが、トロツキーの「彼らの道徳と我々の道徳」（一九三八年）である。

この論文でトロツキーは次のように言っている。

> 階級意識の完全さと非妥協性においてプロレタリアートをはるかに凌駕するブルジョアジーは、被搾取大衆にその道徳哲学を押し付けることに現実的な関心を持っている。ブルジョア・カテキズムの具体的規範が宗教、哲学、あるいは〝常識〟と呼ばれるあのハイブリッドによって保護された道徳的抽象の下に隠されているのはまさにこの理由のためである。抽象的規範へのアピールは、私欲のない哲学的誤謬ではなくて、階級的詐欺の仕組みにおける必要な要素なのである。数千年の伝統を保持しているこの詐欺の暴露は、プロレタリア革命家の第一の義務である。(22)

ということは、人間一般という「抽象」を使ってその為すべきことを問う通常の道徳はその実、階級対立を隠蔽する「ブルジョア道徳」ということになる。このような思考様式にあっては、普遍的な人間概念を批判原理とするマルクスその人も立派な「ブルジョア道徳家」になってしまう。

これこそがまさに歪曲であり、オリジナルの変質である。そしてこのような思考様式は、非常に危険な効果を発揮する可能性がある。ある行為の是非を普遍的な基準で判定するのではなく、行為者の階級帰属という特殊性に還元することにつながるからだ。「革命的なプロレタリア」及びそれに類する者が行う行為は原則として正しく、「反動的なブルジョア」及びそれに類する者が行う行為は原則として不正であると。「プロレタリア国家」を自称する国にあっては、革命的であるということは体制的であるということであり、反動的であるということは反体制的であるということである。結局支配者に都合のいい道徳のみが「プロレタリア道徳」として官許されて流通することになる。そして一度「反革命」とレッテル張りされれば、その行い全てが原則的に否定される仕儀になる。

これは実に反道徳的である。そしてかつて存在した社会主義の実像を伝える情報の多くは、この反道徳的な抑圧が現実のものとなっていたという可能性を示唆しているのである[23]。

四　スターリンによる人間概念の圧殺

人間を抑圧する社会体制を確立したのがスターリンであるが、そのスターリンが実は著作では大いに人間愛を謳っているとしたら歴史の皮肉というべきだが、残念ながらそのようなひねりはなく、むしろ予想以上にストレートに人間概念を否定している。

フルシチョフによるスターリン批判まで、スターリンの哲学上の主著にして最高傑作として聖典化されていた「弁証法唯物論と史的唯物論について」（一九三八年）には、次のような件がある。

人間は社会の物質的生活の諸条件の不可欠の要素をなしており、人間の一定の最小限が現存しなければ、社会のいかなる物質的生活もありえない[24]。

よく読めば、というか別によく読まなくともこの文章では「社会の物質的生活」なるものが主語になっていることが分かる。これはマルクス風に言えば実に物件化[25]された考え方である。何しろ人間は、社会の物質的生活という主体にとっての「要素」であり、客体的な手段なのだから。確かに社会は単なる諸個人の総和ではないが、それは諸個人を超えて、諸個人を客体化する主体ではない。それは社会一般の定義ではなく、資本主義において労働者が資本に支配されているような、特殊疎外された社会の有様である。スターリンにあっては、あるいは人間は疎外されているのがノーマルということなのかも知れない。

このような転倒した人間観は、スターリンが支配者となって実際に人間を痛めつけるようになってから育まれたものではなく、当初からのものである。というのも、初期著作である「無政府主義か社会主義か?」（一九〇六―一九〇七年）にも、際立って奇怪な考えがあるからである。

問題は、マルクス主義と無政府主義とが、両者とも社会主義の旗をかざして闘争の舞台にあらわれはするが、まったく違った原理にもとづいているという点にある。無政府主義の基本思想は個人であって、それの解放が大衆、集団を解放するための主要な条件だ、と彼らは考えている。大衆の解放は個人が解放されるまではありえない、というのが無政府主義の考えであり、そのため「いっさいを個人のために」がスローガンである。ところがマルクス主義の基本思想は大衆であって、マルクス主義の考えによれば、それの解放が個人を解放するための主要な条件である。個人の解放は大衆が解放されるまではありえない、というのがマルクス主義の考えであり、そのため、「いっさいを大衆のために」がそのスローガンである。(26)

これは一体何を言わんとしているのか? 個人であることも大衆であることも、ある一人の人間の「側面」なのであって、何故それらが敵対的に対立し合わなければいけないのか。「大衆」という言葉で人間の階級的帰属性を、「個人」という言葉で無規定的な人間を意味しているのかもしれないが、だとしたら大衆の解放が個人を解放するための主要な条件というのは、完全な論理破綻である。大衆の解放が個人の解放になるのは、個人が大衆としても位置付けられているからである。階級的な抑圧から解放されるから個人は解放されるのであって、階級的に抑圧されている「大衆」とは別に「個人」というものがあるのだとしたら、そのような大衆の解放は個人とは結び付くまい。

そもそも、個人の解放は大衆が解放されるまではありえないというのならば、目的は個人の解放であるはずである。それが一体何故「いっさいを大衆のために」というスローガンになるのか。アナーキズムもマルクス主義も個人の解放という目的は同じである。ただ違うのはそれが個人の階級的側面という社会的条件を必要十分に勘案しているかどうかという、方法論である。それを何故スターリンは不倶戴天の敵のように対立させるのか。多分スターリンには、解放の目的そのものが見えてなかったのである。個人は個々の人間であり、大衆は個々人の階級的属性である。だから目的は人間なのである。人間を解放するための階級的解放なのである。マルクスと異なり、諸個人としての人間、人間的諸個人を主体とする観点を持ち得なかったがためにスターリンは、個人と大衆というありもしない対立を妄想し、あろうことか人間である個人ではなく、人間的個人から切り離され物件化された「大衆」なる怪物に凱歌を挙げさせたのである。ここに後期エンゲルスから始まった人間概念否定の一つの完成を見ることができる。最早人間は消去されたのである。

このような非人間的な哲学の持ち主であるスターリンが、その信条に違わない非人間的な大衆弾圧者となったことの歴史的意味は、非常に重いと言わざるを得ない。

五　現代におけるマルクス人間論の有効性

以上、その後の変質を見てきたマルクスの人間概念だが、後継者による歪曲に比して、マルクスその人のオリジナル・バージョンには大きな理論的意義があるのは明らかであろう。先ずはこの理論がその真価を本来発揮すべきである社会主義的変革運動の哲学的基礎として。今後追求されるべき社会主義がどのようなものであっても、少なくともその社会が非人間なものであってはならないということを、普遍的な規範としての人間は主張する。

従って、普遍的な人間愛や連帯を一笑に付し、徒に階級対立を煽り立てるような旧来型の社会主義的言説は、今後厳しく戒められる必要がある。社会主義的変革を説く場合は、それが単に権力関係の逆転を目指すものでも、金持ちから奪い取りたいという貧乏人の気持ちを代弁するだけのものではないことを強調した方がいい。社会主義の目的は普遍的な人間的価値の実現であり、それだからこそ社会主義が目指されるのだということを、変革主体の共通認識にすべきことを、マルクスの人間観は訴えている。

このように社会主義的変革のための哲学的基礎として、目指すべき社会の根本性格を照射し、ソ連社会に範を取った旧来の社会主義運動のように、本来目指されるべきではない社会を誤って目標とさせないための標準として、マルクスの人間概念には絶大な理論的意義がある。目指すべきなのは資本主義よりも人間的な社会としての社会主義である。ソ連型の社会主義を目指すべきではないのは、それが決して資本主義以上に人間的な社会ではないからである。

しかしマルクスの人間概念は、人間論一般としては、看過できない問題点がある。マルクスの考える人間はあくまで「ホモ・サピエンス（・サピエンス）」としての「人類」であり、人類以外の存在者は眼中に入ってなかったからである。

人間とは「万物の霊長」であり、人間とは他の全ての動物と区別されるところの「理性的存在」であるという人間像は、かつての常識であり、常識であったがためにマルクスによっても共有されていた。例えばマルクスは、人間の意識的存在としての独自性を、しばしば他の動物との対比を通して強調していた。最も有名なのは、ミツバチの高度な巣作り能力を引き合いに出して、それでも人間は自らの作り出すものを事前にイメージできるという目的意識性を持っているという点で、ミツバチに比べて本質的に優れているとした『資本論』の叙述である。確かに昆虫に目的意識があるとは思われないが、では昆虫以外の動物ではどうなのか。人間に近い霊長類ともなると、明らかにその行動が基本的に目的によって動機付けられたものであることが分かるだろう。しかしそうすると、その限りでは人間と他の霊長類を区別する謂れがなくなってしまう。人間の行動もまた、基本的に目的によって動機付けられているはずだからである。

実際現代の動物関連科学が示唆していることは、旧来哲学において常識的に受け入れられていた前提――人間は理性的存在であるが故に他の動物よりも本質的に秀でたものである――の根拠がないということである。従って旧来の前提を常識的に受け入れていたマルクスの人間論もまた、この点では時代遅れになっているということである。

マルクスはあるべき人間について興味深い見解を提出したが、その規範の射程はあくまで人間内部に限定されている。しかし規範を問う倫理学では、その現代的展開において、規範の適用範囲を人間に限定すべきではないという意見が主流になりつつある。当たり前のように基本的人権という言い方がされるが、現代の倫理学では基本的な権利が付与されるべきなのは人間に限らないのであって、予め人間にのみ限定するのは人種差別ならぬ種差別であるという、世間一般の常識とは乖離した主張が多くなされている[27]。しかしこれは、倫理学者が非常識なのではなく、世間の方が遅れているのである。

おわりに

このように、現代倫理学においては、旧来の哲学の大前提である、理性的存在として人間の、他の存在に対する絶対的な優位性の主張を放棄すべきことが説かれている。マルクスの人間論とて例外ではない。マルクスもまた、人間の無根拠な優位性――マルクス自身は根拠があると思っていた――を説いたかどで、時代の審判を逃れられない。しかしこれはマルクスその人の洞察不足というよりも、マルクスが属していた時代そのものの限界であろう。要するに、マルクスもまた「時代の子」だったということである。

では時代的制約を取り払ってアップデートしたマルクスの人間観にどのような理論的可能性があるのか、先行研究も殆どなく、まだまだ見えてこないことの多い今後の課題であるが、挑むだけのことはあると、私には思われる。

［註］

（1）ミハイロ・マルコヴィチ、岩田昌征・岩渕慶一訳『実践の弁証法』合同出版、一九七〇年、三―四頁。

（2）カレル・コシークは次のように言う。「スターリン主義とは社会主義のある一定の概念の歪みではなく、ある一定の基礎と前提に基づく一つのこのような社会主義の概念の実現である」（Antonin Liehm, *Gespraech an der Moldau: Das Ringen um die Freiheit der Tschechoslowakei*, Wien-München-Zuerich, Verlag Fritz Molden, 1968, S.337. アントニーン・リーム、飯島周訳『三つの世代』みすず書房、一九七〇年、二七七頁）。しかしスターリン主義を教導思想とした旧ソ連東欧の社会主義は、実際にはマルクスの求める社会主義とは程遠く、むしろ資本主義に類似した独特の抑圧社会に過ぎなかった。拙稿「マルクスの社会主義と現実の社会主義」（社会主義理論学会編『グローバリゼーション時代と社会主義』ロゴス社、二〇〇七年七月、所収）参照。

（3）Karl Marx, *Ökonomisch-philosophische Manuscripte*, MEGA I―2, 1982, S.263.

（4）拙著『初期マルクス疎外論――疎外論超克説批判――』時潮社、二〇〇〇年、二〇〇―二〇一頁。拙稿「マルクスの分配的正義論」（拙著『マルクス疎外論の諸相』時潮社、二〇一三年、所収）、参照。

（5）マルクスのフェルディナント・ラッサール宛一八五八年二月二二日付の手紙。MEW.Bd.29., S.550―551.

（6）廣松渉『今こそマルクスを読み返す』講談社現代新書、一九九〇年、一四二頁。

（7）Marx, *Ökonomisch-philosophische Manuscripte*, a.a.O., S.238.

（8）拙稿「マルクスの人間観――「全体的存在」としての人間」（田上孝一・黒木朋興・助川幸逸郎編著『〈人間〉の系譜学――近代的人間像の現在と未来――』東海大学出版会、二〇〇八年一一月、所収）。

（9）Marx, *Ökonomisch-philosophische Manuscripte*, a.a.O., S.317.

（10）ただし『経済学・哲学草稿』は、その認識内容に関して『国民経済学批判大綱』を決定的に乗り越えている。そしてエンゲルスが自らを乗り越えたマルクスの認識を受け入れたことが、『ドイツ・イデオロギー』での共同作業につながって行くのである。この論点に関しては拙著『初期マルクスの疎外論』第六章「エンゲルスと『ドイツ・イデオロギー』」参照。

(11) エンゲルスのヴィルヘルム・リープクネヒト宛一八七一年四月一三日付の手紙。MEW.Bd.33.,S.208.

(12) Friedrich Engels, *Umrisse zu einer Kritik der Nationalökonomie*,MEW.Bd.1.,S.523.

(13) Ebennda.,S.516.

(14) 『イギリスにおける労働者階級の状態』一八九二年ドイツ語版への序文。MEW.Bd.2.,S.637.

(15) Ebenda.,S.641.

(16) MEW.Bd.19.,S.335.

(17) Ebenda.,S.209.

(18) MEW.Bd.21.,S.178. エンゲルスはポール・ラファルグ宛一八八四年八月一一日付手紙の中で、ラファルグが、マルクスは政治的及び社会的理想を語っているとしたことを、マルクスは抗議したはずだと咎めた。そして人は、科学的であれば理想を持たずに科学的な成果を得て、一つの先入見を持ってしまうために、理想を持てばもう科学の人では有り得ないと評した（MEW.Bd.36.,S.198）。このように老エンゲルスによれば、理想は科学的探求にあっては不必要な先入見に過ぎず、理想を抱くことと科学的な探求は不和解的に対立するのである。しかしこの対立図式をマルクスが共有していたという明確な証拠は、どこにもない。

(19) 前掲拙稿「マルクスの社会主義と現実の社会主義」参照。

(20) レーニンは彼の考えるマルクス主義の核心を描写した「マルクス主義の三つの源泉と三つの構成部分」（一九一三年）の中で、次のように言っている。「マルクスとエンゲルスとはもっとも断固とした仕方で哲学的唯物論を守り、この基礎からの逸脱は、どんなものでも、深い誤りであることを、何度となく説明した。彼らの見解がもっとも明瞭にまた詳細に説明されているのはエンゲルスの著作『ルートヴィヒ・フォイエルバッハ』と『反デューリング論』であり、これらは――『共産党宣言』と同様――あらゆる自覚した労働者の座右におくべき書物である」（粟田賢三訳『カール・マルクス他十八編』岩波文庫、一九七一年、九八―九九頁。

(21) レーニンの道徳論は「青年同盟の任務」（一九二〇年）の中で比較的まとまって展開されている。レーニンは「ブルジョアジーが説教してきたような意味での道徳」（『カール・マルクス他十八編』、前掲書、二六二頁）を「人間をはなれた、階級をはなれた概念から引きだされた」（同前）ものとして否定し、「われわれの道徳はプロレタリアートの階級闘争の利益に完全に従属している……われわれの道徳は、プロレタリアートの階級闘争の利益から導き出される」（同前、二六三頁）とする。そして道徳の機能を次のようなものとして肯定的に評価する。「道徳とは古い搾取的社会の破壊に役だち、そして共産主義者の新しい社会をつくりだしつつあるプロレタリアートのまわりにあらゆる勤労者を団結させることに役だつものである、と」（同前、二六五頁）。しかしこれではプロレタリアートの革命運動は全て善ということになり、革命運動の際に引き起こされがちな道徳的悪を批判することはできない。そのため運動が無軌道なものとなり、「正義のための粛清」という逸脱につながりかねない、危険な思考法といえよう。トロツキーの道徳論はこのレーニンの道徳論を敷衍したものである。

(22) Leon Trotsky, *Their Morals and Ours: The class foundations of moral practice*, New York, Pathfinder Press, 1969,1973, pp.24―25. レオン・トロツキー「彼らの道徳とわれわれの道徳」、古里高志訳『トロツキー著作集一九三七～三八・上』一九七三年、柘植書房、所収、三四九頁。

(23) トロツキーの道徳論について、詳しくは拙稿「トロツキーの道徳論」（『マルクス疎外論の諸相』、前掲書、所収）参照。

(24) イ・ヴェ・スターリン、マルクス＝レーニン主義研究所訳『弁証法的唯物論と史的唯物論・無政府主義か社会主義か』国民文庫、一九六八年、三〇―三一頁。

(25) 原語はVersachlichungであり通常「物象化」と訳されるが、誤訳であり「物件化」が正しい。拙稿「マルクスの物象化論と廣松の物象化論」（『マルクス疎外論の諸相』、前掲書、所収）参照。

(26) スターリン、前掲書、五三―五四頁。

(27) こうした論点について、一般向け入門書という枠のため簡単にではあるが、拙著『フシギなくらい見えてくる！　本当にわかる倫理学』（日本実業出版社、二〇一〇年）の第四章で解説した。より詳しくは伊勢田哲治『動物からの倫理学入門』名古屋大学出版会、二〇〇八年、参照。

歴史知研究会10周年を記念して

福井俊保

歴史知研究会が発足して10年がたったということを聞いて、もう10年かというのが正直な感想です。10年前、私はちょうど大学院の修士課程に入ったころでした。大学は理系の大学で数学と物理をやっており、文系とは全く縁のない世界を歩むつもりでした。しかし、暇な大学時代にいろいろな本に触れる中で、この世の中に対して何かしなければならないのではないかという意識が芽生え、理系の大学であるにも関わらず、一般教養の授業にばかり出ていました。そこで教えていた石塚先生と親しくさせていただいたのをきっかけに、歴史知研究会の発足にも立ち会うことができました。それは今でもうれしく思っています。

当時の歴史知研究会は、私をはじめまだ研究者とは呼べないようなメンバーが、さまざまなテーマに関して議論していました。歴史知研究会のバックナンバーを見て頂ければわかりますが、議論の中身は稚拙であったかと思います。しかし、今読み返しても自分の主張に対する思いはかなりありました。そしてそれはとても楽しい思い出として残っています。当時、私と議論したメンバーは今、何をしているのだろうと懐かしく思うときもあります。当初のメンバーは研究者を目指していたメンバーばかりではなかったので、かなり少なくなってしまいましたが、私自身はこれからもこの会とともに成長していくことができればと思っています。

さて、わたしの研究テーマですが、10年前と変わっていません。当時から平和や核兵器に関して興味を持っていました。出発点は純粋に「なぜ人を大量に殺す兵器を各国が持ち続けるのか」というところからです。私が大学在籍中、インドとパキスタンが核実験を行い、核保有を宣言したことにより、インドとパキスタンを研究対象にして、今もまだ続けています。

また、当時から核保有に反対という姿勢も変わっていません。日本では北朝鮮の核実験をきっかけに、日本の核武装も考えるという政治家が出てきています。「広島・長崎がある日本がそんな議論をしていいのか」と否定することは簡単でしょう。しかし、「力には力で対抗すべき」という議論は非常に単純で分かりやすく人を惹きつける可能性があります。その時に「力対力の論理ではない新しい枠組み」をしっかりと示すことが日本に生まれ、国際政治の研究者を志した私の役割だと思っています。

残念ながら、まだ、その答えを明確に示すことができません。次の10年、歴史知研究会20周年の際にはそれを示すことができればと思っています。

歴史知研究会との出会い
知的創造活動における「対話」という契機

安齋雄基

「現代の混乱といわれるものにおいて、あらゆるものが混合しつつある。対立するものが総合されてゆくというよりもむしろ対立するものが混合されてゆくというのが実際に近い。この混合から新しい形が出てくるであろう。形の生成は総合の弁証法であるよりも混合の弁証法である。私のいう構想力の論理は混合の弁証法として特徴付けられねばならぬであろう。……重要なのはその意味をどこまでも主体的に把握することである。」（三木清『人生論ノート』、「人間の条件について」）

大学院に進学した私は、程なくして言いようのない停滞感に襲われた。机を並べる学友達は、なるほど確かにそれぞれ各自としては意欲を燃やしているようではあった。だがそれぞれ別個の研究領野に没頭するあまりにか、みな互いに不干渉、無関心であった。隣は何をする人ぞ。居心地は悪くはないが、私としては粛としていて物寂しい思いもした。そんな折に出会ったのが「歴史知研究会」であった。そこは年齢も立場も研究分野も異なる人々が、各自専門とするところがありながらもそれに囚われることなく、血気盛んに議論を交わす知的創造の場であった。私は〝混合〟を体験したのである。

創造活動においては必ず踏まえなければならない手順がある。それは〝既存のものの分析〟である。新しさやオリジナリティーの価値は既にあるもの、現実にあるものの底から生まれてくることにあるのであって、その価値は決して〝既にあるものから遊離すること〟にあるのではない。しかし、既にある既存の作品や論を寄せ集めて足し算・引き算を試みることが、どうして創造活動といえようか。そのことを通しては、せいぜい既にあるもの（過去のもの）に多少の改築を施すことができるだけで、結局は過去に多少色を付けてそれを再生してみせることにしかならない。既にあるものの単なる寄せ集めからは未来へ向けた創造の跳躍力は生まれようもないだろう。

私たちは確かに、安直に〝既にあるものから遊離すること〟は自戒しなければならないが、同時に〝未来への目線〟も欠いてはいけない。私たちが向かうべき未来(あした)はどっちにあるのか。確かに私たちは未だ来たらぬものである未来に対しては、直接働きかけることはできない。しかし私たちは既にあるもの、今ここにあるものに対しては、働きかけることが出来る。私たちが未来という未知なるものへと向かう跳躍力は、今ここに共にある他者と向き合い、対話していくことを通して生まれてくるのではないだろうか。私たちはまず自分の見解を持つために、多くの努力を費やして既にあるものから学ばなければならない。しかしその蓄積が真に活力を得るのは、他なるものとの対話を通してなのかもしれない。

歴史知研究会は分け隔てない自由闊達な対話の場である。個と個が生身で論を交わし、ときには火花を散らすほどに激しくぶつかり合って、爆発的なエネルギーを生み出す。私にとってこの研究会とは、そうした知的創造のエンジンなのである。今、その力で多くの知が未来へと飛翔していく。

歴史知研究会への参加
一人の研究者としてではなく、一人の「人格」として

宮﨑文彦

当時本会の代表を勤めておられた石塚正英氏からお電話をいただいたのは、まもなく21世紀を迎えようとする2000年の末、それもかなり年の瀬も迫ってのある日のことであったと記憶している。

その頃は大学院も博士後期課程へ進学し、学部時代に演習に参加させていただいた清水太吉先生とのご縁で社会思想史学会へ入会していた。とはいえもともと思想史を専門とするわけではなく、むしろ行政の現実と政治哲学や政治思想を何とか架橋することが出来ないかと考えていたことから、一度はお断りしたが、ぜひに、とのお誘いから翌春に研究会に参加させていただき、発表をさせていただいた。

学部時代から「歴史」と「哲学」の違いを強く意識し、あくまで歴史研究ではない政治哲学の構築を目指そうとしていた私にとって、社会思想史関係の研究会へのお誘い、それも数々の著作でお名前を存じ上げていた石塚氏からのお招きとあって、相当に緊張をしてその研究会に

臨んだことは、今でも記憶に残っている。

そのような「専門」の違いにもかかわらず、今日まで皆さんとの関係が続いているのは、ひとえにこの研究会の持っている自由学風ではないかと思っている。発表当日のことは詳細まで記憶にないが、現代日本の行政を巡る公共性に関する拙稿の発表は、予想以上に好意的に受け止められ、質疑も活発に行われたことが印象として残っている。この研究会は単なる「歴史学」の研究会ではなく、科学知・理論知に押しつぶされている経験知・生活知を再評価し、その総合を目指す「歴史知」の研究会なのであり、極めて現代的な問題関心をもった研究会であった。

この研究会の魅力的な点は、このような会の性格にあるのであろう。参加の面々はやはり思想史関係が多いが、経験知や生活知の重視の視点からか社会、教育、文化とその専門範囲はかなり包括的であるように感じる。また学部生から大学教員まで、その身分にとらわれることなく、研究会、合宿そしてオンライン（メーリングリスト）と多様なフェイズで自由で活発な討論が真摯に行われている研究会はけして多くはないだろう。

私自身もその研究会の自由学風に影響され、本来の専門である政治、行政以外のことでも、この研究会では発言をしてきた。歴史知の議論において相当に活発に議論がなされた教育における「管理と自主性」の問題なども極めて興味深かった。またその経験は、のちに高崎経済大学での初年次教育（スタディ・スキル、自分の頭で考える能力獲得のための授業）に生かされている。

最近は研究会での議論には参加できていないことは残念でならないが、音楽についての議論も私にとっては興味深い。偶然であるかもしれないが、私の周りの政治学者で音楽にも精通している先生は少なくないし、丸山眞男が第二の専門というほどに詳しかったこともよく知られている。単に権力と音楽という文化の関係ももちろんだが、教会と音楽、また音楽そのもののもつ構造（ソナタ形式等々）と政治哲学の構造との関係などもいずれは議論したいところである。

私にとって歴史知研究会は、単に一人の政治学を研究するものとしての参加というよりは、政治学も含めた全人格的な参加となっている貴重な場であるといっても過言ではない。

虚空をさまよう孤独な星ばかり

有村哲史

今、僕がまさに生きている今は、いったい何と呼ばれるのがふさわしいのでしょうか？ 近代の続きなのですか？ポストモダンと呼ばれる時代なのですか？それとも、もはやこんな問いは無意味なのでしょうか？

近代社会にとっての「周縁部」とは、ある国民国家の中の女性や子どもだけでなく、近代の価値がまだ浸透していない「後進」地域もそうでした。近代、という価値軸が存在することによって、こうした地域はヒエラルキーの底辺に位置付けられたのです。周縁部の存在は、中心部の存在を示し、両者は相互に依存しているといえます。第二次大戦後、その周縁部たちは「連帯」し、不完全ながらも多くの植民地は独立を達成したわけです。しかし、それは内部に大きな矛盾を抱えた船出であり、新たな周縁部を生みつづける歴史でもあったのでしょう。この文脈の中では、確かに石塚さんの言う図式が成り立つと思います。

今なお「後進」地域は存在し、これらの地域は確実に近代化しつづけています。この限りにおいて近代はまだ終わってはいない、のです。中心（アメリカ、ヨーロッパ、日本）は健在なのです。しかし、中心部に存在する中心（革命のイデオロギー）は、現在はたして大きな力を持っているのでしょうか？ 人が連帯するということは、何らかのイデオロギーがその中に存在しているということです。いや、不正確でした。イデオロギーなき連帯も存在します。しかし、それは社会の変革を求めるような性格を持たないものでしょう。

市民革命の際、人々が反抗したのは自分の所属する共同体を愛するがゆえでしょう。ここにおいてヘーゲルの弁証法が成立しています。そう、人々はよりよい社会を目指して今ある社会に鉄槌を加えたのです。人々は市民革命の精神を中心に連帯し、行動しました。「近代に限界がある」のは多くの人が感じているところです。しかし、その「近代（？）」に対するアンティテーゼは、多くの人々の心を揺さぶり、連帯を促すものになっていません。たとえば環境保護、ネイチャーライティングという文学が存在し、さまざまな環境保護団体が活動しています。しかし、そういったものを頭では共感できても、僕はどこかよそよそしい、うさんくさいという感情を抱かずにはいられません。また、市場経済の肥大化に危機感を抱いても、もはやなすすべはないと諦めるしかないように思えます。僕は、連帯したくても、人と人との接着剤となるテーゼを見つけられないでいます。

中心部に生きるものは自分自身の中に中心をもてないでいるのではないでしょうか。昔、身にスカートをはくことは女性解放のイデオロギーの発露であったそうですが、今、(性差別は色濃くあるにもかかわらず) あつぞこ靴に革命のイデオロギーがあるようには思えません。「そんなかっこうして男にもてると思ってんのかねえ」とうそぶくあなた、こんな問いは愚問です。もはや「男性にとって魅力的」という価値軸はおろか、「男性社会に対する反抗」という価値軸すらなくなりかけています。あるのは座標軸を失い、上も下もない虚空をさまよう孤独な星ばかり。

つなぐ手を持たず、大地を踏みしめる足 (共同体のアイデンティティ) も持たない星たちは、連帯することもできず、反抗するべき方向さえもわからない。中心が喪失したとすれば、弁証法はなく、周縁部もなくなってしまうのではないでしょうか。学校の「荒れ」方も、教師の権力への反抗ではなく無法地帯 (「学校崩壊」) へと変わっているようですし。

『歴史知通信』一〇号 (二〇〇一年三月二〇日)

解題

石塚正英

歴史知研究会をはじめた頃、メンバーはメーリングリストを通じて活発な意見交換をしていました。その一つに「アジール」論議があります。提起したのは私でした。以下のように切り出しました。

「辺境とか周縁とかにかかわる議論に接すると、いつも〈アジール〉という言葉を思い出します。網野善彦『無縁・公界・楽——日本中世の自由と平和——』(平凡社、一九七八年) や五十嵐富夫『駈込寺——女人救済の尼寺——』(塙書房、一九八九年) を読むと、日本の中近世にあって社会的辺境＝下層社会は地理的辺境＝山岳山林、村境、川原や橋げた、市のたつ場末とおおよそ一致していたようです。網野さんの解説によると、そうした辺境にはアジールという、隔離されはしているものの神聖な、自由な場が存在したのだそうです。その代表が人里はなれた地や山林の寺院です。五十嵐さんによると、「寺院のアジール制は中世において各地に存在したが、特に戦国の世においては敗残者、犯罪人が追手を逃れて寺社に遁入するのが慣例化した。……アジールとして、後代まで遁入者を保護したのは紀州の高野山であった。」（一三頁）その高野山で修行する僧侶は高野聖となったのですが、そうであれば、聖（ひじり）たちの中には罪科人あがりの人々が散見されたことになりますね。

徳川時代になり幕府が刑法上や政治上の犯罪人を禁止すると敗残兵のアジールは解体しましたが、三界にイエなしと言われた封建時代の妻たちが夫の虐待から生命を護るため駈け込むアジール寺院（駆込寺・縁切寺）は辛うじて残りました。その代表は上州徳川郷の徳川山満徳寺と鎌倉の松ケ岡山東慶寺です。ここに駈け込めば、今までのすべての自由と引き替えに縁切りつまり離婚ができました。網野さんによると、そのほかに牢獄もアジールの一種だそうです。「幕府や一般諸藩において罪人を収容する牢獄そのものが、裏返された『自由』の場であったというのも可能になる。これは、縁切寺とは逆に、社会から縁を切られた人々のたまり場であった。」（二八頁）

現代でもアジールはある、それも東京にあるよ、と教えてくれるのは奥井智之『アジールとしての東京──日常のなかの聖域──』（弘文堂、一九九六年）です。奥井さんは、都会のアジールとしてスラムをあげますが、これはわかりますね。でも、それ以外に駅、坂、公園、病院、デパートなどをあげ、さらには下宿やカフェーをあげています。奥井さんは、アジールを自分なりに定義してこう言います。「アジールが、不特定多数の人々が集う一種の聖域であるということである。」（一六頁）「その際寺院・神社・墓地などの空間は、東京のなかでアジール性を保ち続けている。それらは都市のなかの、いわば伝統的なアジールの空間である。しかし都市のなかには、より近代的なアジールの空間も存在する。たとえば駅・病院・百貨店などは、その範疇に属するものであろう。」（一七頁）

（中略）

「周縁」や〈アジール〉を論じるとき、映画『パピヨン』の二人の主人公──主人公たちの名は忘れましたが俳優はスティーブ・マックイーンとダスティン・ホフマンです──に思いが集中します。終身刑を言い渡されて絶海の孤島に流されたこの二人が繰り広げる、対照的な行動がとても印象的なのです。マックイーン扮するAは幾度も幾度も脱走を試みます。いかだを造って沖に漕ぎだしたり、身の回りの物をまるめて浮きにして泳ぎだしたり、はては絶壁から身を投じたりします。髪や髭がすっかり白くなり老いさらばえてしまったのに、それでもまたやります。他方、ホフマン扮するBは、島の一画に菜園をこしらえて平穏に暮らします。Aに誘われると、「ぼくは、ここで一生をおえるよ」と返事し、Aのことはその都度見送ります。そして毎度毎度連れ戻されるAと、幾度となく島内で再開します。そして最後に、Bは「また行くのかい?」といったセリフをはきます。Aは「ああ」と返事して絶壁から飛込み、紺碧に照り輝く水平線めがけて泳ぎだしました。その後ろ姿をアップにしつつ、銀幕は下りるのでした。

絶海の孤島にアジールを見たBと、かつての居住空間に自由を求め続けるAとがいます。ダスティン・ホフマンは、映画『卒業』でも、『クレーマー・クレーマー』でも、あるいは『小さな巨人』でも、いつも決まってダメでヘボな自由人を演じます。スティーブ・マックイーンは『大脱走』でおわかりのように、凄まじい脱走をやってのけるものの、最後は捕まってしまう演技――挫折の自由人――をこなす役者です。この二人の俳優に、演技でしかないのに、ぼくは自由の二類型をみてしまいます。」

この一文を読んだ有村くんは、次のような応答を示しました。

「日本の中世における「アジール」の話が出ておりましたが、それに付け加えるかたちでひとつ。

日本における「アジール」で最大のものは四国遍路でしょう。四国遍路は空海(弘法大師、お大師さん)ゆかりの聖地八十八箇所を巡るもので、起源は奈良時代とも、平安時代とも言われます。もともとは修行僧(お修行さん)の仏道修行の場であったのですが、江戸時代になり大衆化して、さまざまな人々が遍路道を巡るようになりました。四国には巡礼者(お遍路さん)にお金や食べ物などさまざまな便宜を提供するお接待という習慣があるため、日本国内のほかの巡礼と比べてとっつきやすい環境にあります。

そのお接待の習慣が、共同体から追放された人々を四国に集めることとなりました。ハンセン氏病患者、乞食遍路(へんどと呼ばれ差別された)など、生きていくには四国に行かざるを得ない人々が四国を死ぬまで回りつづけたのです(遍路死)。

今も四国遍路道は多くの人々によって巡られています。奇跡を信じて病魔克服を願う人、定年退職後の生きる目標を探す人、いじめを乗り越えようとする少年、…めぐるという行為を通して生まれ変わろうとする人々はこれからも遍路道を歩きつづけるでしょう。現在でも四国遍路は「アジール」の機能を果たしているといえそうです。」
この意見交換は、『歴史知通信』第九号（二〇〇〇年一二月二〇日）に掲載されました、私のは「アジール―一加藤さんの〈あがた＝辺境〉論によせて」と題して、また有村くんのは「アジールとしての四国遍路」と題してです。その後、有村くんは続編を書き込みました。それが今回本書に収められた文章「虚空をさまよう孤独な星ばかり」です。なお、彼が文中で「石塚さんの言う図式」としたのは「この二人の俳優に、演技でしかないのに、ぼくは自由の二類型をみてしまいます」に関連しているものと思われます。

＊　＊

ところで、私は、一九九〇年代のまるまる一〇年間、いったい「知を愛する」というのはどんなことを意味するのだろうか、といったような問いかけを若者たちにぶつけながら、河合塾の小論文講師をしていました。その軌跡は拙編『十八歳、等身大のフィロソフィー』（理想社、一九九七年）に詳しく記してあります。これを刊行しおえた翌年だったか、千葉校舎で、私は一人の素浪人哲学徒に近寄られました。春の大学受験に失敗し、一浪を覚悟して河合塾千葉校にやってきた千葉市の有村哲史くんです。人前ではちょっとシャイな彼でしたが、私の前ではけっこう饒舌でした。文章力は抜群でした。

彼は登山が大好きでした。早稲田大学に入学後、同大学山岳部に所属し、例えば中国ウイグル地区のチョンムスターグ峰に挑んで登頂に成功しております。その彼は私たちに次のような文章を書き込んでくれました。

「「登山」という行為は、歴史的に見ると世界の各地でさまざまな発展をしてきました。

しかし、現在の「近代登山」というカテゴリーは近代社会の成立とともに発生した、ヨーロッパ生まれの概念です。「近代登山」の精神は、ナンガパルバットで死んだ登山家ママリの「より高く、より困難に」という言葉で表現されてきました。宗教から独立して、純粋に頂上およびその過程における困難の征服を目指すのが、近代的登山者（アルピニスト）だったのです。しかし、登山も帝国主義、民族主義などの時代の流れの影響を受けざるを得ませんでした。アイガー北壁を初登攀したオーストリアのクライマーは、町に下りるなりナチスの制服を着せられ、ヒトラーのまえにつれだされ、「ゲルマン人の優秀さ」の宣伝に用いられることになってしまい、グランドジョラスウォーカーリッジを初登したイタリア人も同じ目に会いました。この傾向は戦後も続き、各国が八〇〇〇メートル峰登頂を目指す「ナショナルチーム」

を結成し、日本のマナスル遠征もこの延長上に行われました。そしてその成果は「国威発揚」に大きく貢献した、とされました。」（「チョンムスターグ峰は呼んでいる」『歴史知通信』第五号、二〇〇〇年八月一五日）

そのときから数年後の二〇〇九年五月一四日、私はメンバーに向かって次のメールを送信しました。

「歴史知研究会初期メンバー各位

訃報です。昨年一〇月一日、チベットの高峰クーラカンリで、歴史知研究会初期のメンバー有村哲史君は、雪崩に遭遇してなくなりました。今日、母校の早稲田大学山岳会から私に知らせがありました。彼の遺品を調べていて、『歴史知通信』の幾つかをみて連絡してくださったようです。みなさん、『歴史知通信』第三号（二〇〇〇年六月一五日）、第四号（二〇〇〇年七月一五日）、第五号（二〇〇〇年八月一五日）、第八号（二〇〇〇年一一月二〇日）、第九号（二〇〇〇年一二月二〇日）、第一〇号（二〇〇一年三月二〇日）を読んで彼の死を悼んで下さい。http://www.geocities.jp/ishizukazemi/rekisitib1.html

『稲門山岳会報』一二五号（追悼号）も送って戴きました。合掌　石塚」

二〇〇八年一〇月一日、中国チベット自治区にそびえる七〇〇〇メートル級のヒマラヤ高峰クーラカンリ登頂を目指していた「日本クーラカンリ登山隊」（高橋和弘隊長）の隊員三人が雪崩に遭い死亡しましたが、その一人が有村くんだったのです。

あとがきに代えて――研究会という経験、歴史知という方法

米田　祐介

研究会にかかわった時期はほんのわずかであったが、社会運動史研究会は、私にとって今でも爽やかな印象の残る、懐かしい団体である。（石塚正英「歴史知に結実する行動圏域」岡本充弘ほか編『歴史として、記憶として――「社会運動史」1970～1985』御茶の水書房、二〇一三年より）

右は、歴史知研究会の創始者・石塚正英が若き日にかかわった研究会のことを回想して語ったエッセイからの言である。このエッセイでは、あの頃の、若き日の、研究会という経験がやがて歴史知（historiosophy）という発想に結実していったことが「歴史として、記憶として」静かな筆致で綴られている。歴史知研究会は二〇〇〇年に発足し、いま、十周年をむかえるにいたったが、本研究会の扉をたたく人は、若い世代が多い。あの頃の石塚の年齢に近いだろうか。私は、二〇〇七年より微力ながら会の運営に携わってきたが、かりに「研究会にかかわった時期はほんのわずか」であったとしても、扉をたたいてくださった人が「今でも爽やかな印象の残る、懐かしい団体」として回想できるような研究会でありたいと思う。石塚が、あの頃を回想したように。

いつ、だっただろう。誰ともなしに声があがった。本を出そう。そう、本を出そう、と。五年くらい前であっただろうか。私のなかでそれは、有村哲史の訃報に接した時期と重なっている。二〇〇八年十月一日、中国チベット自治区にそびえる七〇〇〇メートル級の高峰クーラカンリ登頂を目指していた「日本クーラカンリ登山隊」の隊員三人が雪崩に遭い帰らぬ人となった。そのなかに、有村がいた。私は、初期のメンバーであった有村

を知らない。あなたを知らない。けれども、涙があふれ、こみあげてきた。研究会という経験がそうさせたのか。その後、有村が『歴史知通信』に綴った文章を、魂の言葉を、読みあさった。なんとか、このたびの本に所収できないだろうか。石塚と語りあったことをよく覚えている。あれは二〇〇九年の暑い夏だったか。ほどなく石塚からは「解題」執筆の快諾を二つ返事でいただき、有村が綴った珠玉のような作品群から一篇を選んだ。それが、「孤空をさまよう孤独な星ばかり」である。いまではもう、彼にとり歴史知研究会が「爽やかな印象の残る、懐かしい団体」であったかどうか、訊くことはできない。だが、彼の言葉から、声から、それを想像することはできるだろう。

＊　＊　＊

さて本書は、石塚正英・杉山精一編『歴史知の未来性』（理想社、二〇〇四年）、石塚正英編『歴史知の想像力』（理想社、二〇〇七年）につづく第三弾であり、十周年記念として編まれている。各論文については、編者・杉山精一による紹介（「序論」）があり、ここでは、コラム・十周年記念エッセイから「言葉」をつなぎ、歴史知研究会の光景と歴史知という方法が示唆するものについて触れてみたい。

宮﨑文彦は言う。「この研究会は単なる『歴史学』の研究会ではなく、科学知・理論知に押しつぶされている経験知・生活知を再評価し、その総合を目指す『歴史知』の研究会なのであり、極めて現代的な問題関心をもった研究会」であると。宮﨑によれば、歴史知研究会の魅力はその「自由学風」にあり、柏渕直明は「異種格闘技の場」と表現したうえで「多様なアプローチや観点をしるための研鑽の場」として本研究会に意義をみいだしている。

また、安齋雄基は、大学院入学後に「程なくして言いようのない停滞感」に襲われたという。いや、これは誰しもが一度は感じることではないか。私もその一人である。そうしたなか、本研究会での「混合の体験」が安齋にとり知的創造のエンジンになったことが語られているが、それはとりもなおざす、小畑嘉丈の言葉をかりれば「知の連合」の体験であろう。「自由学風」、「異種格闘技の場」、「混合の体験」、「知の連合」、このような言葉で表現される歴史知研究会。「そしてそれはとても楽しい思い出として残っています。当時、私と議論したメンバーは今、何をしているのだろうと懐かしく思うときもあります」と福井俊保は語っているが、このたびのコラム・十周年記念エッセイでは、いまでは少し研究会から縁遠くなった会員の方々からも原稿を募っている。各方面で活躍され、多忙な毎日をおくっているなか、快く執筆の快諾をいただいた。高校で講師を務める川島祐一は「世界史の導入で関心をひくために、歴史知を用いる事ができるのではないか」という問題意識のもとコラムを執筆しているが、それでは、本研究会の発想の拠点となっている「歴史知」とはそもそも何であったか。石塚正英『歴史知と学問論』（社会評論社、二〇〇七年）から、その概念の輪郭を確認してみたい。

いわく、「感性知（経験知・生活知）と理性知（科学知・理論知）、あるいは非合理的知と合理的知とは、相補的になってはじめて存在できる。その枠構造を認め、双方を軸とする交互的運動の中において双方を動的に観察する。あるいは、その二種の知を時間軸上において連合させる二一世紀的新知平、そこに立つ。こうした〈知平〉において歴史知は成立し、歴史知はパラダイムとして確立する」。

たとえば、円を考えてみよう。小学校の算数で習うような理論上の円についての認識を「理性知」、現実に存在する丸いもの、たとえば太陽や満月、人間の瞳などについての認識を「感性知」と仮定する。この場合、子どもは、円という「理性知」を「感性知」から獲得すると言うことができる。なぜなら、子どもは日常的に観察する「丸いもの」という基準（すなわち「感性知」）から「円」という観念（すなわち「理性知」）を構成するからである。

しかるに、である。理性知がいったん確立すると、それは今度、感性知を規定する基準に変貌し、現実と理論との間にバーチャルな関係が生まれる。これは理論と現実とが転倒した現象だ。この転倒した現象をもう一度もとに戻して現象世界を交互的に「再」考察しようというのが歴史知的視座なのである。ここには、近代という時代が数量的・合理的・普遍的な基準を重視するあまり、「感性知」を「スッパリと削ぎ落としてしまった」ことへの反省がある。

二〇〇八年十一月三〇日、歴史知研究会第三〇回記念大会挨拶で石塚が次のように語っていたことを私たちは忘れない。

たとえ、それが疑わしくとも、それを信じ続けてきたという歴史には、疑いようのない真実がある。

たとえば、現代に生きる私たちも、頭では地動説という「理性知」を理解していながら、普段の会話では、「朝日が昇る」と口にする。これはもちろん、自分の「見たまま」に即した表現である。このように私たちは、普段の生活でも無意識のうちに「感性知」を持ちだすことがある。石塚の言う歴史知研究は、まずこの「感性知」にもっと意識的に目を向けることを目指すものである。そして、「感性知」と「理性知」とを行き来する「交互的運動の中において双方を動的に観察」する意識を高めることにより、「人間社会を総体として生き抜くための英知（知平）」を切り拓かんとするものなのだ。

このような方法を共有する研究会、それが歴史知研究会である。歴史知とはいわば、感性的なるもの、経験的なるもの、あるいはローカルなものにまなざしを向け、知の歴史性を問う方法論であると私は解しているのであるが、このたびのコラム・十周年記念エッセイを通読するに、震災以後の世界において大きな力を発揮するのではないか、と思う。なぜなら、たとえば瀧田寧が語っているように「歴史知が提唱する物の見方、つまり、伝承の蓋然性を信頼性の高い根拠に基づいて理性的に探究しようとする意識と、その地域に暮らす人たちに寄り添って、その人たちが長年の習慣の中で身に付けてきた強固な信念を尊重しようとする意識とを交互に行ったり来たりする、という物の見方が重要」になると考えるからであり、他方、石塚が注目する地域に根ざした技術すなわち「ローカル・テクノロジー」とは、震災以後のエネルギー問題を考えるうえで、示唆に富むものであるからだ。もとより原稿は震災以前に寄せられているが、歴史知という方法は、はからずも震災以後の世界において問われるべきものを問うている。そして、今は亡き有村哲史は、十年以上も前に歴史知的方法のもと「周縁部」から「中心部」を照射していた。このことは、いま、東北から中央が、近代の意味こそが問われていることを示唆するものではなかろうか。

最後になるが、本書をまとめるにあたり、出版状況の厳しいなかで快く引き受けていただいた社会評論社の松田健二氏にはたいへんお世話になった。記して、感謝の意を表したい。

三　齋藤正樹　ヴィルヘルム期ドイツにおける民族至上主義（フェルキッシュ）運動について―宗教という視点から―

第42回（2012年9月1日、東京電機大学千住校舎）

石塚正英・やすいゆたか対談、テーマ：歴史知・フェティシズム・ネオヒューマニズム

一　やすいゆたか　日本的霊性からネオヒューマニズムへ

二　石塚正英　歴史知とフェティシズム

三　総括　歴史知とネオヒューマニズムの接合―21世紀の良識に成り得るか

第43回（2012年12月01日、公益財団法人租税資料館）

一　中島浩貴　ドイツ第２帝政期における国民皆兵

二　宮崎大地　ナチス・ドイツの国際的「新秩序」と戦争

三　清水雅大　戦時期日本の対独文化事情政策方針

第44回（2013年03月23日、公益財団法人租税資料館）

一　佐々木信男　20世紀商業音楽におけるブラック・ミュージックの影響

二　大塚寛之　メルロ＝ポンティの「知覚論」について

第45回（2013年07月21日、公益財団法人租税資料館）

一　加藤敦也　父親の家庭回帰の困難について
―子どもの不登校の親の会に参加する父親の語りから―

二　池田裕之　科学技術のエスカレーションに対する倫理的歯止めについての研究

三　石塚正英　環境の凝固結晶としての人間身体

第46回（2013年09月22日、公益財団法人租税資料館）

一　清水多吉『大岡天心―美と裏切り』出版記念講演

第47回（2013年12月1日、公益財団法人租税資料館）

一　清水雅大　第二次大戦下の日独文化事業――制限としての「相互主義」から「精神的共同」へ1939-44年

二　中島浩貴　比較のなかの軍隊――一般兵役義務を中心に

三　紀　愛子　ナチ体制期ドイツにおける「安楽死」作戦とドイツの安楽死論

第48回（2014年3月23日、公益財団法人租税資料館）

一　黒木朋興　内面の描写のスタイルから見た文学史――果たして文学というようなものは存在するのか？

二　鬼川良一　ヴィルヘルム時代におけるドイツ国防協会――その戦争観とプロイセン参謀本部

三　星野友里　ナチス・ドイツと南ティロールの「民族ドイツ人」――1939年「ベルリン協定」締結とその諸影響に関する一考察

〔作成：川島祐一〕

一　杉山精一　『和泉屋染物店』の構造
二　中島浩貴　ドイツ統一戦争における市民とメディア——ライプチヒ絵入り新聞を中心として
三　清水雅大　戦時下日本の身体観とヒトラー・ユーゲント——日独青少年団交歓事業における日本側の視点を中心に

第34回（2010年03月17日、東京電機大学神田校舎）
一　谷山和夫　スタニスワーヴァ・ヴィソツカとスタニスラフスキー・システム
二　武井徹也　二つの心理——M.ハイデガーの議論を手掛りに
三　本郷朝香　ニーチェにおける「歴史」と「人格性」との関わり

第35回（2010年07月18日、東京電機大学神田校舎）
一　西角純志　Die Moderneにおける否定的なもの——自然史の理念をめぐって
二　紺野茂樹　“環境の時代”だからこそ考えて欲しいこと——エコフェミニストによるディープ・エコロジスト批判を通じて
三　田上孝一　マルクス主義哲学史における人間概念の変遷——マルクス人間論の可能性と限界

第36回（2010年09月23日、東京電機大学神田校舎）
一　清水雅大　戦時下日本の身体観とヒトラー・ユーゲント——「体力の時代」における青少年
二　杉山精一　「和泉屋染物店」

第37回（2010年12月12日、東京電機大学神田校舎）
一　研究会理念の再確認、および歴史知本第３の編集方針・体制の構築（会議）

第38回（2011年07月31日、東京電機大学神田校舎）
一　谷山和夫　スタニスワーヴァ・ヴィソツカとスタニスラフスキー・システム
二　武井徹也　時計とアリストテレス——前期ハイデガーにおける時間の一考察
三　米田祐介　フロムと歴史知——『愛するということ』におけるケアの概念の構成を中心に

第39回（2011年10月02日、東京電機大学神田校舎）
一　歴史知本第3弾討議——進行：米田祐介／清水雅大（論文集準備・事務局員）
二　石塚正英　『技術者倫理』執筆者募集のプレゼン

第40回（2012年01月22日、東京電機大学神田校舎）
一　福島祥一郎　ポーとメスメリズム
二　大井知範　歴史学におけるオーストリア植民地主義論の展望——「コロニアル・マインド」「植民地共犯性」という視座から

第41回（2012年07月07日、東京電機大学千住校舎）
一　箱田亮太　電気通信以前の情報伝達とローカルな情報伝達
二　浜田康弘　マイネッケの政治思想　ヴァイマル時代の理性の共和派の一系譜

第24回（2006年12月17日、東京電機大学神田校舎）

一　米田祐介　「ファシズム論」再考――概念規定を中心課題として

二　石塚正英　音文化の歴史知的解釈――ベートーヴェン第五交響曲におよぶ

第25回（2007年03月18日、東京電機大学神田校舎）

一　中島浩貴　ドイツ統一戦争とミリタリズム――メディアの対応を中心に

二　紺野茂樹　共苦の政治（学）へと向かって

第26回（2007年07月29日、東京電機大学神田校舎）

一　岡本充弘　『歴史の哲学』から『歴史をプラクティスする』

二　唐澤聖月　志賀直哉『転生』について

三　『歴史知の想像力――通時的・共時的に他者とどうかかわるか――』合評会

第27回（2007年12月16日、東京電機大学神田校舎）

一　小畑嘉丈　最晩年の三宅雪嶺――帝都日日新聞を中心に

二　福井俊保　核兵器と軍備管理体制――インド核実験と米印関係を中心に

第28回（2008年03月27日、東京電機大学神田校舎）

一　清水雅大　1938年の三国同盟問題における日独文化協定の位置付け――日本外務省の文化協定方針と目的

二　石黒盛久　マキアヴェッリ政治思想の形成と１６世紀フィレンツェ政治――ピエロ・ソデリーニ政権(1502-1512)の成立経緯と『君主論』第９章」

第29回（2008年07月06日、東京電機大学神田校舎）

一　吉田陽子　歴史の物語論に対する問題提起

二　安齋雄基　実在の根本的形式としての時間論――西田幾多郎の「私と汝」論文より

第30回（2008年11月30日、東京電機大学神田校舎）

一　黒木朋興　パトリオティズムとアレゴリー／王の２つの身体を参考に

二　峰　基郎　マックス・シェーラーからみるキリスト教の愛について

三　石塚正英　30回記念挨拶

第31回（2009年07月05日、東京電機大学神田校舎）

一　西角純志　ギリシア悲劇における人間観

二　歴史知本第３弾討議――進行：中島浩貴／米田祐介／清水雅大（論文集準備・事務局員）

第32回（2009年09月27日、東京電機大学神田校舎）

一　黒木朋興　平均律の普及の思想的背景について

二　本郷朝香　ニーチェ哲学における近代批判と自己認識

三　加藤敦也　親密圏における父親の課題と可能性――不登校の親の会を事例として

第33回（2009年12月13日、東京電機大学神田校舎）

二　岡本充弘　ポストモダンの時代における歴史の客観性

第15回（2004年05月30日、東京電機大学神田校舎）

一『歴史知の未来性――感性知と理性知を時間軸上で統合する試み――』合評会

二　歴史知本第２弾へむけての第１回意見交換会

第16回（2004年07月25日、東京電機大学神田校舎）

一　柏渕直明　フランチェスコ・グイッチャルディーニの人脈に関する一考察――16世紀初頭フィレンツェの有力市民の視点から

二　加藤敦也　私事としての家族イメージ――家庭内暴力が絡んだ父親の子殺し事件の事例から

三　歴史知本第２弾へむけての第２回意見交換会

第17回（2004年12月05日、東京電機大学神田校舎）

一　川島祐一　ファシズムの成立基盤としての民主主義

二　吉田裕季　ベオグラード軍事協定の失効要因に関する諸問題

第18回（2005年03月19日、東京電機大学神田校舎）

一　岩村信征　イブン・ファドラーンのヴォルガ・ブルガール旅行記「リサーラ」

二　淺野卓夫　日系アメリカスの詩学

第19回（2005年07月31日、東京電機大学神田校舎）

一　大杉一郎　戦後大学政策における教養教育のポリティクス

二　仲津由希子　Edward Abramowski と Stanislaw Brzozowski

第20回（2005年10月23日、東京電機大学神田校舎）

一　池田辰之　ビート作家にみる「自己周縁化（self-marginalization）」の戦略――Jack Kerouac、William S. Burroughs、Allen Ginsbergと「メキシコ」を例に

二　石塚正英　権藤成卿は国家主義者でなく共同体主義者である

第21回（2005年12月23日、東京電機大学神田校舎）

一　谷山和夫　ポーランドにおけるスタニスラフスキー・システムの受容をめぐって

二　杉山精一　歴史の観念と歴史「知」

第22回（2006年03月12日、東京電機大学神田校舎）

一　天畠一郎　アドルノ／ホルクハイマー言語哲学の解釈

二　加藤敦也　父親の共感力についての一考察――不登校の親の会に参加する父親のライフストーリーから

第23回（2006年07月23日、東京電機大学神田校舎）

一　瀧田　寧　パスカルと歴史知――パスカルの人間観から歴史知の意義を考える

一　仲津由希子　1919年「少数民族条約」の成立過程をめぐる諸相――「ユダヤ人問題」と共生の精神

二　歴史知本編集委員会――記念出版・歴史知本について

第７回（2002年07月07日、東京電機大学神田校舎）

一　石塚正英　複合科学的（歴史知的）身体論の可能性

二　杉山精一　『夕鶴』の社会思想

三　福井俊保　ＢＪＰの核発言（1991年～1998年）

第８回（2002年09月22日、東京電機大学神田校舎）

一　櫻井広幸　リアリティと日常性

二　柏渕直明　グイッチャルディーニの思想像――Cinquecentoの「知」の一例

三　瀧田　寧　ジョン・ロックにおける「試練」としての‘mutual Charity’――異文化解釈の場合

四　伊丹謙太郎 多元主義・多文化主義・ケアの倫理-政治学――経験に含まれる知のポテンシャリティについて

第９回（2002年12月15日、東京電機大学神田校舎）

一　杉山精一　杉山精一「夕鶴の社会思想、ドラマトゥルギーと倫理」

二　福井俊保　日本の核をめぐる対応――インドとの比較

三　石塚正英　フレイザー『金枝篇』完結版翻訳の紹介

第10回（2003年01月25日、東京電機大学神田校舎）

一　仲津由希子　ポーランドの対外関係におけるフランス派と英国派

二　加藤敦也　80年代文学テキストに描かれた家族の社会学的考察～家族の変遷史

第11回（2003年03月16日、東京電機大学神田校舎）

一　中島浩貴　1892／93年軍事法案と中央党――利害対立と反軍国主義の間で

二　谷山和夫　アンジェイ・ワイダの『ハムレット』――政治的現実としての『ハムレット』世界

第12回（2003年07月20日、東京電機大学神田校舎）

一　張山昌一　ミッシェル・ヴォヴェルの心性――18世紀プロヴァンスにおける非キリスト教化を中心に

二　前澤洋一　フーコーの権力論を再考する

第13回（2003年12月07日、東京電機大学神田校舎）

一　河野次郎　1930年代中華民国の経済発展における非帝国主義的展開という問題提起

二　杉山精一　『歴史〈知〉』のために――歴史叙述と歴史認識の問題点

第14回（2004年03月21日、東京電機大学神田校舎）

一　太田亮吾　戦時下における連帯構想――「東亜協同体論」を例として

歴史知研究会＊例会記録

幹事・事務局

2000～2001年度　代表・石塚正英、会計・鯨岡勝成、広報・福井俊保。home-page担当・杉山精一。

2002～2003年度　代表・石塚正英、会計・柏渕直明、広報・加藤敦也。home-page担当・杉山精一。

2003年度後期　代表・杉山精一、会計・柏渕直明、広報・加藤敦也。home-page担当・杉山精一。 2004年度以降　代表・杉山精一、会計・中島浩貴、広報・前澤洋一。home-page担当・杉山精一。2006年度後期以降　代表・石塚正英、事務局・中島浩貴、角田晃子。home-page担当・石塚正英。 2007年度前期以降　代表・石塚正英、事務局・中島浩貴、米田祐介。home-page担当・石塚正英。

2009年度後期以降　代表・石塚正英、事務局・中島浩貴、米田祐介、清水雅大。home-page担当・石塚正英。

2010年度前期以降　home-page担当・川島祐一。

準備会①（2000年03月16日、社会評論社会議室）

一　石塚正英　「歴史知研究会とは」——趣旨説明

準備会②（2000年05月05日、池袋の喫茶店）

一　石塚正英　第1回会合についてと歴史知研究会について

第１回（2000年08月04日、東京電機大学神田校舎）

一　石塚正英　『エンデの遺言』と地域通貨

第２回（2000年12月23日、東京電機大学神田校舎）

一　福井俊保　公共性と共同性——加藤典洋氏の公共性と共同性の批判から

二　鯨岡勝成　精神史をめぐって——加藤典洋著『日本という身体』をめぐって

第３回（2001年03月17日、東京電機大学神田校舎）

一　柏渕直明　Francesco Guicciardiniの世界観——グイッチャルディーニ紹介

二　宮崎文彦　公共性論の問題設定——なぜ公共性が問われているのか

第４回（2001年07月28日、東京電機大学神田校舎）

一　安藤義一　出会いの空間としての公共性——「人間の条件」への人間学的反論

二　伊丹謙太郎　公共性論の問題領域（２）——宮崎氏の議論をうけて

第５回（2001年12月22日、東京電機大学神田校舎）

一　吉田裕季　ベオグラード軍事協定をめぐるフランスとハンガリー

二　天畠一郎　批判の言語——アドルノ社会哲学の可能性

第６回（2002年03月16日、東京電機大学神田校舎）

武井徹也（たけい・てつや）　1972年生まれ、立正大学非常勤講師、立正大学人文科学研究所研究員
「自然の諸相——前期ハイデガーにおける自然についての議論——」、『現代文明の哲学的考察』所収、社会評論社、2010年。「ハイデガーにおける〈二つのアレーテイア〉の解釈」、『存在の意味への探求』所収、秋山書店、2011年

本郷朝香（ほんごう・あさか）　1972年生まれ、立教大学非常勤講師、博士（人文科学）
「ニーチェから見たライプニッツ」『ライプニッツ読本』酒井潔・佐々木能章・長綱啓典編、法政大学出版局、2012年、「遅れてきた主体」『理想』No.684、理想社、2010年

田上孝一（たがみ・こういち）　1967年生まれ、立正大学非常勤講師、博士（文学）
『マルクス疎外論の諸相』（時潮社、2013年）、『フシギなくらい見えてくる！　本当にわかる倫理学』（日本実業出版社、2010年）

コラム・10周年記念エッセイ執筆者
石塚正英（いしづか・まさひで）　1949年生まれ、東京電機大学教授、博士（文学）
柏渕直明（かしぶち・なおあき）　1977年生まれ、公文国際学園常勤講師
小畑嘉丈（おばた・よしたけ）　1979年生まれ、東京電機大学理工学部非常勤講師
川島祐一（かわしま・ゆういち）1982年生まれ、高等学校非常勤講師
瀧田寧（たきた・やすし）　1968年生まれ、日本大学非常勤講師
福井俊保（ふくい・としやす）　1976年生まれ、横浜市立大学共同研究員
安齋雄基（あんざい・ゆうき）　1982年生まれ、立正大学大学院文学研究科修士課程
宮﨑文彦（みやざき・ふみひこ）　1974年生まれ、千葉大学国際教育センター特任研究員
有村哲史（ありむら・さとし）　1980年生まれ、早稲田大学卒業、2008年チベットの高峰クーラカンリにて没

執筆者紹介

編者

杉山精一（すぎやま・せいいち）1962年生まれ、高校教員
『技術者倫理を考える』（共著、昭晃堂、2013年）『歴史知の想像力』（共著、理想社、2007年）

論文執筆者

黒木朋興（くろき・ともおき） 1969年生まれ、上智大学非常勤講師、博士（文学）
『マラルメと音楽　絶対音楽から象徴主義へ』（水声社、2013年）、『グローバリゼーション再審—新しい公共性の獲得に向けて—』（共編著　時潮社、2012年）

中島浩貴（なかじま・ひろき） 1977年まれ、東京電機大学理工学部助教
『ドイツ史と戦争』（共編著　彩流社、2011年）、『クラウゼヴィッツと戦争論』（共著　彩流社、2008年）

清水雅大（しみず・まさひろ） 1983年生まれ、横浜市立大学大学院国際総合科学研究科博士後期課程在籍
「戦時期日本の対独文化事業政策方針—日独文化連絡協議会における外務省文化事業部の政策的対応から—」『現代史研究』第58号、2012年、「戦前・戦時期における日独関係の推移とドイツ大使館の対日宣伝—ドイツ極東政策の転換から世界大戦化まで—」『世界史研究論叢』第１号、2011年

米田祐介（まいた・ゆうすけ） 1980年生まれ、関東学院大学・東京電機大学非常勤講師
「マルクスからの希望をつなぐ——エーリッヒ・フロムの〈在る〉ことへのまなざし」岩佐茂編『マルクスの構想力』（社会評論社、2010年）、「デモクラシーの光に潜むファシズムの影——エーリッヒ・フロム『自由からの逃走』を読む」西田照見・田上孝一編『現代文明の哲学的考察』（社会評論社、2010年）

歴史知と近代の光景

2014年3月31日　初版第1刷発行

編著者：杉山精一
装　幀：桑谷速人
発行人：松田健二
発行所：株式会社 社会評論社
東京都文京区本郷2-3-10　☎ 03(3814)3861　FAX 03(3818)2808
http://www.shahyo.com/
製版・印刷・製本：株式会社 ミツワ